江苏省教育科学规划课题：江苏省高职高专院校校园足球活动体系构建的研究
项目编号：T-a/2015/004

高职校园足球开展现状
与文化构建研究

孔　煜　编著

北京体育大学出版社

策划编辑　曾凡容
责任编辑　魏国旺
责任校对　任思铭
审稿编辑　李　飞
版式设计　沈小峰
封面设计　张　勋

图书在版编目（CIP）数据

高职校园足球开展现状与文化构建研究 / 孔煜编著 . — 北京：北京体育大学出版社，2017.10
ISBN 978-7-5644-2771-9

Ⅰ . ①高… Ⅱ . ①孔… Ⅲ . ①高等职业学校—足球运动—研究—中国 Ⅳ . ① G843

中国版本图书馆 CIP 数据核字（2017）第 264521 号

高职校园足球开展现状与文化构建研究

出版发行　北京体育大学出版社
地　　址　北京市海淀区信息路 48 号
邮　　编　100084
电　　话　010-62963531　62963530
印　　刷　北京京华虎彩印刷有限公司
规　　格　170mm×240mm　16 开本
印　　张　14
字　　数　221 千字

2017 年 12 月第 1 版第 1 次印刷
ISBN 978-7-5644-2771-9
定价　28.00 元

作者简介

　　孔煜，江苏扬州人。体育学硕士，现为南京信息职业技术学院副教授。2000年，于扬州大学体育学院体育教育专业足球方向本科毕业。2005年，于扬州大学教育科学学院课程与教学论体育方向硕士研究生毕业。同年来南京信息职业技术学院工作。孔煜专注高职高专足球12年，发表文章十余篇，主持省级课题一项，并于2016年作为校园足球访问学者赴英国拉夫堡大学学习三个月。

前　言

2009 年 6 月，国家体育总局和教育部联合成立全国青少年校园足球活动工作领导小组，并颁布了《关于开展全国青少年校园足球活动的通知》，以全面提高广大学生的体质和体能，培养学生的拼搏意识和团队精神。2015 年，《中国足球改革发展总体方案》出台，提出要推进校园足球的普及。国家在政策层面上给予了校园足球活动的开展非常大的支持力度。

校园足球活动对于促进高职院校的发展、提高学生的身体素质、促进学生的身心健康发展有着重要的意义。校园足球文化是体育文化的一种，是以足球运动为活动形式，体现体育价值观、体育道德观的社会意识，围绕足球运动而创造的物质和精神财富的总和。学生通过参与足球活动，可使身心健康更好地发展，拥有坚定的意志，培养其团队协作意识、爱国情操等。

本人从事高职院校足球教学多年，在教学的过程中，一直想通过在高职校园足球的活动开展中，构建足球文化，使学生喜欢上足球，并将足球作为自己终身体育的项目之一。本研究正是立足于教学经验而提出的对高职校园足球文化构建的探索，主要包括校园足球的起源与发展、现状以及开展意义，高职学生的生理、心理特征分析、体能与职业体能要求和足球兴趣培养，足球教学的设计、训练计划与训练方法、校园足球活动的组织和校园足球游戏，高职校园体育文化概述、足球文化的内涵、足球文化的构建和传播，高职校园足球运动的反思和谋略，校园足球常见的损伤与预防等。

本书在撰写过程中，借鉴了部分足球专家和学者的观点，在此表示衷心的感谢！文中若有不妥之处，请广大同仁指正！

目　录

第一章

校园足球概述

  足球是一项全世界人类热爱的体育运动，随着足球运动的发展，这项运动已经开始逐步走向校园。校园足球除了对学生进行体育运动技能的训练外，更加强调的是学生对积极向上、机智果断、完全拼搏、团结合作等足球精神的获取。开展足球普及教育活动，让足球课程进入课堂，达到每一个学生都具备初步的足球技能和知识，了解足球的发展历史的目的，激发热爱足球运动的情感，并把在足球活动中形成的精神力迁移至更广泛的学习生活中。

第一节　校园足球的起源与发展

一、校园足球的起源

（一）校园足球运动的时代背景

1. 足球运动的影响力

  足球运动是全民健身的重要事业。足球是一项深受广大人民群众喜爱的体育运动。振兴和发展足球，可以提高全民健身参与程度，增强群众身体素质，是提高全民族身心健康水平的重要支撑。

足球运动是国民经济的重要产业。足球产业是朝阳产业、绿色产业，在转方式、调结构、促发展中扮演着重要角色。振兴和发展足球，可以扩大消费，拉动体育产业及相关产业发展，形成新的经济增长点。

足球运动是体育强国的重要基石。足球是具有广泛影响力的世界性运动。振兴和发展足球，可以促进体育运动的全面发展，托起中国体育的强国梦，绘就民族伟大复兴的蓝图。

足球运动是民族精神的重要载体。足球运动具有重要的育人功能，有利于弘扬社会主义核心价值观。振兴和发展足球，可以构建有中国特色的足球文化，激励人们顽强奋斗的精神，促进人的全面发展，提升中华民族的凝聚力和自豪感。

我国足球在世界大赛上一直未取得优秀成绩，暴露出后备人才缺乏等问题。中国足球要想在亚洲乃至世界处于领先水平，必须注重对青少年足球的培养，而校园足球便是足球人才培养的重要领域。通过校园足球的开展促进学生足球水平的提高，为我国足球运动的发展夯实基础。

2. 国家政策的推动

为了全面贯彻党的教育方针，认真落实"健康第一"的指导思想，在全国亿万学生中掀起群众性体育锻炼的热潮，切实提高学生体质健康水平，2006 年12 月 20 日，《教育部国家体育总局共青团中央关于开展全国亿万学生阳光体育运动的通知》下发。2007 年 5 月 7 日，《中共中央国务院关于加强青少年体育增强青少年体质的意见》（中发〔2007〕7号）发布，文件明确要求广泛开展阳光体育运动。"阳光体育运动"主要是针对学生参加体育锻炼的热情不是很高，体育锻炼的习惯没有养成，体质健康水平下滑等问题，所以，可以把"阳光体育运动"理解为旨在鼓励广大学生自觉走向操场、走到阳光下、走到大自然，积极参加体育锻炼，从而提高学生体质健康水平。

2009年，国家提出着力发展"校园足球"活动。

2014年10月，《国务院关于加快发展体育产业促进体育消费的若干意见》（国发〔2014〕46号）的印发，首次将全民健身提升为国家战略。2017年5月，国家体育总局全文公布《体育发展"十三五"规划》（以下简称《规划》），作为指导"十三五"时期中国体育发展趋势的重要文件。《规划》提及中国体育发展的11个大项、52个小项，其中"足球"项目被作为一个小项具体提及。

2015年，《中国足球改革发展总体方案》出台，其中包括推进校园足球普及。各地中小学把足球列入体育课教学内容，加大学时比重，以扶持特色带动普及，对基础较好、积极性较高的中小学重点扶持。全国中小学校园足球特色学校在现有5000多所的基础上，预计在2020年将达到2万所，2025年将达到5万所，其中开展女子足球的学校占一定比例。

为深入贯彻落实《中国足球改革发展总体方案》《教育部等6部门关于加快发展青少年校园足球的实施意见》精神，加快推进校园足球的普及，在总结2015年全国青少年校园足球特色学校及试点县（区）遴选工作经验的基础上，2016年教育部组织开展全国青少年校园足球特色学校（以下简称特色学校）和校园足球试点县（区）的遴选工作。通过对特色学校及试点县（区）的遴选，积极推动校园足球的普及，形成一批校园足球教育教学工作引领示范的典型；引导各地不断完善特色学校的布局，逐步形成中小学搭配合理的特色学校格局；带动学校进一步强化体育课和课外锻炼，切实提高学生体质健康水平，满足学生足球学习的需求。

在这种背景下，"校园足球"作为指导学校足球运动的关键，受到了社会的关注与重视。一系列关于校园足球的政策相继出台，引领着校园足球的发展与改革。

3.学生现状促进"校园足球"开展

我国青少年的体能健康问题严峻。学校对青少年的健康不够重视;家庭保护及饮食质量的提升相对弱化了青少年的身体机能;过多的升学考试制造的压力,大幅度减少了青少年合理健身的时间,学生强身健体的热情逐渐减弱,这些问题导致青少年健康水平不断下滑。

参与足球运动,可以使学生逐步养成终身体育的好习惯,帮助学生远离不良习惯、嗜好,如网瘾、烟瘾等,更加珍爱生命。在参与足球运动时,他们会很好地把注意力集中在处理每个技术动作或是与同伴的配合上。

(二)"校园足球"工程的实施

20世纪80年代初期,我国中学足球运动的发展达到了鼎盛时期。进入20世纪90年代以来,随着市场经济体制的影响,尤其是足球职业化改革的推动,我国青少年足球运动员的培养体制发生了较大变化。以前,各城市的学校足球运动开展得非常好,有很多中小学生参加学校业余足球训练。在同一地区,同一城市,相临学校间经常开展各种形式的足球比赛,以增进友谊,提高水平。无论是否为足球传统学校,广大学生、教师和学校领导都对足球开展工作有很大的热情和精力。但进入20世纪90年代之后,在市场经济大潮的冲击下,各地的学校足球运动开展开始走下坡路,学校足球运动开展较好的学校也逐渐减少。

体质健康是我们整个民族健康的根基，是一个民族旺盛生命力的体现，也是衡量国家综合实力的重要指标。但是有关调查结果显示，最近 20 年，我国学生的肺活量、力量等体能素质持续下降，学生肥胖率不断增高，近视率居高不下。这些问题表明，加强学校体育工作已经成为当前刻不容缓的任务。学生的体质健康水平不仅关系到个人的健康成长和幸福生活，而且关系到整个民族素质和我国人才培养的质量。身心健康、体魄强健、意志坚强、充满活力的一代新人，是一个国家旺盛生命力的体现，是社会文明进步的标志，也是实现中华民族伟大复兴的必然要求。

2009 年，国家体育总局和教育部共同出台文件，鼓励和倡导在中小学中开展"校园足球"工程。"校园足球"工程对青少年的健康成长具有十分重要的作用和意义，不仅有利于普及足球知识和技能，还有利于增强青少年的体质，培养青少年学生的团队精神和拼搏意识，最终形成体教结合的青少年足球人才体系。

"校园足球"是指以小学为起跑线，将足球（包括足球技能、足球文化、足球训练等）引入教学，以培养青少年的足球兴趣为重点，让学生在快乐足球中强身健体，锻炼意志品质，在发挥个人天赋的同时培养团队合作意识和顽强拼搏的精神。"校园足球"对现代学生意义非凡，与我国未来的足球事业息息相关。

足球是当今世界最流行的一项体育运动，受到不同年龄段、不同地区人们的广泛热爱和追逐。在当今国际社会，足球不仅代表着一个国家的体育实力，还是一个国家综合国力的象征。长期以来，我国足球竞技水平一直处于低谷，与我国的综合国力和经济实力形成了鲜明的对比，提高我国的足球竞技水平一直都是国人的愿望和体育界奋斗的目标。"校园足球"是一项实施周期长、重视程度高、覆盖面广的宏大工程，它可以进一步深化素质教育改革、扩大我国足球人口，为我国足球的发展储备人才。但是，我们在振奋之余，要多一些理性的思考，使"校园足球"工程得到顺利的实施。党和国家领导人一直以来都非常关心中国足球的发展，特别是在青少年"校园足球"工程推出之后，党和国家的领导人在不同时间、不同地点、不同场合都发表过公开言论，强调搞好中国足球必须要从娃娃抓起，积极开展校园足球运动，加快足球后备人员的培养，夯实足球运动的社会基础，使足球运动在我国得到普及和发展。同时，国家投入专项资金，建立校园足球培训系统，并且为校园足球在全国布局城市，全国青少年校园足球联赛也在各布局城市如火如荼地开展起来。

二、"校园足球"工程的发展

2009 年到 2014 下半年，历时 5 年，可以称之为校园足球的第一阶段。这一阶段的校园足球工作由国家体育总局主导，教育部配合，主要完成了一批试点地区和 5000 所试点学校布局，开展了小学、初中、高中、大学四级足球联赛，进行了以指导训练竞赛为主要内容的教师培训，取得了一定成效。2009—2010 年度是校园足球的起步阶段。国家体育总局从彩票公益金中拨款 4000 万，由全国校园足球工作领导小组首先启动小学组和初中组的活动。活动内容主要分为五个方面：①试点城市的确定；②校园足球联赛的开展；③布局城市培训工作的开展；④校园足球宣传推广工作的开展；⑤经费的下拨。

2009 年全国青少年校园足球活动的布局城市为 44 个，分别是 19 个省推荐的 22 个城市（海南省海口市、云南省楚雄市、云南省开远市、青海省西宁市、甘肃省兰州市、辽宁省鞍山市、河北省秦皇岛市、河北省石家庄市、山东省济南市、江苏省盐城市、河南省郑州市、浙江省杭州市、安徽省合肥市、湖北省黄石市、江西省景德镇市、江西省南昌市、福建省福州市、广东省梅州市、陕西省宝鸡市、湖南省长沙市、四川省达州市、贵州省都匀市），4 个自治区推荐的 4 个城市（内蒙古呼和浩特市、宁夏石嘴山市、新疆乌鲁木齐市、西藏拉萨市），4 个直辖市（北京、上海、天津、重庆）及 13 个中国足球协会市级会员协会城市（沈阳、大连、长春、青岛、武汉、成都、深圳、西安、南京、延边、广州、厦门、昆明）和山东省淄博市共 44 个布局城市。

44 个布局城市相继开展足球联赛，组建不同级别的足球队伍。每年由国家组织的大学生和中学生足球联赛，分别有 400 多所高校和 300 多所中学足球队参赛，比赛场次分别超过 1300 多场和 100 多场。足球联赛的开展促进了校园足球的快速发展，让学生更多地参与足球比赛，提升学生对足球运动的热情，夯实足球基础。

2014年11月26日，全国校园足球电视电话会议的召开标志着校园足球进入了第二阶段，校园足球工作的管理由国家体育总局转移到教育部。这一阶段的校园足球，教育部门进行了广泛、深入的研讨与思考，根据教育和体育规律，确立了明确的指导思想，理清了工作思路，找准了切实有效的发展途径。

《中国足球中长期发展规划（2016—2050年）》指出：校园足球加快发展，全国特色足球学校达到2万所，中小学生经常参加足球运动人数超过3000万人。大幅增加青少年足球参与规模。加强校园足球建设，把足球列入体育课教学内容，发展足球社团，培养足球兴趣，开展竞赛活动，不断培育足球爱好者和足球人才。增强学生、家长对足球的认同感，支持学生课余、校外参加足球活动。以市场化、社会化为导向，构建多渠道、多形式人才发现和培养机制，不断增强足球人才后备力量。深化足球教学改革，形成内容丰富、形式多样、因材施教的青少年校园足球教学体系。制订校园足球教学训练指南，开发校园足球网络课程并免费开放。将校园足球骨干教师纳入中小学、幼儿园教师国家级培训计划等培训项目，对5万名专兼职足球教师进行培训。建立健全校园足球竞赛体系，实施全国校园足球四级联赛制度。完善考试招生政策，激励学生长期积极参加足球学习和训练。支持建设一批校园足球特色学校和试点县。加大校园足球运动场地建设力度。每个中小学足球特色学校均建有 1 块以上足球场地，有条件的高等院校均建有 1 块以上标准足球场地，其他学校创造条件建设适宜的足球场地。提高学校足球场地利用率，加快形成校园场地与社会场地开放共享机制。广泛开展校园足球活动，开展以强身健体和快乐参与为导向的校园足球比赛。以增强学生体质的意志品质、普及足球知识和技能、培养足球兴趣爱好为目的，举办多种形式的校园足球活动。逐步健全高校、高中、初中、小学校园足球四级赛事，科学、合理、适度地组织竞赛活动。传承中华民族的传统文化，树立健康、快乐、进取的足球理念，充分发挥足球在强身健体、立德树人方面的积极作用，让参与足球成为健康生活的重要方式。大力弘扬拼搏进取、团结协作、快乐分享的体育精神。加强诚信体系建设。积极倡导尊重规则、尊重对手、尊重观众的行为规范，不断增强足球运动的集体荣誉感和民族自豪感。注重发挥新媒体作用和足球志愿者奉献、友爱、互助、进步的精神，努力培育文明参赛、文明观赛的良好氛围，使足球运动成为传播正能量的重要载体。

第二节　校园足球的发展现状

一、我国青少年校园足球政策

（一）关于《中国足球中长期发展规划（2016—2050 年）》

随着 2015 年 3 月份印发的《中国足球改革发展总体方案》（以下简称《方案》）和《中国足球中长期发展规划（2016—2050 年)》（以下简称《规划》）的颁布，使中国足球的发展方向更加明确，内容更加多样具体。在去年的《方案》中，中国足球实施近期、中期、远期目标"三步走"，并未公布具体的时间表。

而在这次的《规划》中，将三个目标的时间明确化：近期目标（2016-2020年）、中期目标（2021-2030年）、远期目标（2031-2050年），从宏观上为未来35年的中国足球设置了权威的"路标"和国家级的发展规划。《规划》中对关键性的指标做了明确的定量规定。同时《规划》中"明确足球特色学校均建有1块以上的足球场地，有条件的高校"均建设1块以上标准足球场地。十三五"期间全国修缮、改造和新建6万块足球场地，除少数山区外，每个县级行政区域至少建有两个社会标准足球场地。"场地是足球发展的最基本问题。有了完善的场地系统，中国足球才有可能打造出坚实的基础。

（二）《关于加快发展体育产业促进体育消费的若干意见》（简称《意见》）

《意见》中提出："进一步加快发展体育产业，促进体育消费的主要任务，改善产业布局和结构。以足球、篮球、排球三大球为切入点，加快发展普及性广、关注度高、市场空间大的集体项目，推动产业向纵深发展。对发展相对滞后的足球项目制定中长期发展规划和场地设施建设规划，大力推广校园足球和社会足球。"

通过推广青少年校园足球活动，可以吸引广大青少年学生积极参与足球活动，培养他们的足球兴趣与爱好，为他们提供参与足球锻炼机会，使广大学生的体质、体能、技能与心理素质显著提高；吸引更多的学校、省市（区县）加入到青少年校园足球活动中，促进青少年校园足球活动在全国范围内广泛的开展；使足球运动成为素质教育实施过程中的最佳选择；使足球知识在青少年中获得广泛的普及，逐渐形成足球人才培养体系。

（三）《体育总局印发竞技体育"十三五"规划》（简称《规划》）

《规划》中着重提出："以足球改革为龙头，加强对足、篮、排三大球等运动项目的研究和重点扶持。"当地企业要参与到青少年校园足球活动中来，融资缓解经费紧张；当地政府相关部门要设立专款，实行专款专用，扩大足球场地设施建设，保证高效使用经费；建立长效机制，保证校园足球活动顺利进行；立足长远发展，注重宣传校园足球。并把校园足球纳入素质教育的范畴，淡化竞技体育色彩，培养青少年足球兴趣和爱好，让青少年的身心得到全面发展。

（四）教育部等6部门《关于加快发展青少年校园足球的实施意见》

教育部等6部门发布了《关于加快发展青少年校园足球的实施意见》等一系列措施，中国青少年足球可以说是受到了前所未有的关心与关怀。校园足球活动的开展有助于培养青少年足球文化，提高足球技能，构建青少年球员后备人才建设。开展校园足球的目的之一，就是扩大足球人口。王登峰表示，教育部已经和中国足协制定了完整的衔接机制。通过校园足球层层选拔，为中国足球输送可造之才。校园足球只是为学生提供了这样一个展示的平台，就像是一个蓄水池，有天赋、有意愿从事职业足球的孩子，可以从校园中走上职业道路。由此可见，校园足球就是为了更好地推动青少年足球的发展，推广普及足球运动，使我国足球运动水平上一个新的台阶。

二、我国校园足球开展现状

（一）校园足球城市分布

国家级校园足球布局城市（试点县）分布在北京市、天津市、河北省、山西省、内蒙古自治区等31个省、自治区。校园足球试点县分布在北京市海淀区、上海市南开区、邯郸市曲周县、太原市迎泽区、满洲里市等市、区、县。这些省、自治区、市、县主要集中在中部、东部和南部，而西部及西北部分布较少。省级校园足球试点主要集中在中部和南部的河北、江苏、浙江等10个省份，而西部及西北部未设立试点。由此看出，校园足球活动正在全国范围内全面展开，并初具规模，其影响正在不断加大。

（二）校园足球赛事的开展

调查研究显示，目前校园足球开展形式分为足球课教学，课余训练，班级、年级足球比赛，校外足球联赛，校园足球文化活动等5种形式。其中，各省份校园足球活动开展最多的形式为足球课教学。

（三）校园足球教练员及其培训

各省市在体育教学中，大部分学校的体育教师除了上专业课之外还几乎承担了所有体育项目通识课的教学任务，学习的项目多，不能专注于一门项目的学习和教学，其中包括足球课。在这种情况下，也没有聘请足球教练，对学生进行专业的技能训练，直接影响到了学生对各项运动的兴趣，限制了对其进行体育素质的培养。

（四）校园足球场地

场地是校园足球开展中比不可少的一个重要因素，但是有调查研究发现，

"能够开展 12 人的标准比赛的中小学仅占总学校的 13.5%""平均每 7.6 所学校才有一个具备开展足球运动的场地",场地不足将严重影响校园足球的发展。

三、校园足球开展中存在的不足

(一)文化育人功能缺失

任课教师或足球教练员只重视对学生体能的提高,却忽视了对学生拼搏意识、集体主义、相互配合和团队精神的培养;过多地强调技术技能,却忽略了学生的身心需要,并在一定程度上削减了学生参与足球学习的热情;"锦标主义思想"只注重比赛的结果,不注重学生参与比赛的过程,忘记了校园足球活动是追求普及和注重过程的。

(二)足球教练员问题

《全国校园足球特色学校基本标准(试行)》要求:"在核定编制总量内配齐体育教师,能满足教学工作需求,并至少有一名足球专项体育教师。"

研究资料表明,目前中部地区校园足球教师最为紧缺,西部次之,东部情况较好。由此可以反映出校园足球发展中，师资数量紧缺。除了这一问题之外，在实际的教学训练过程中的问题还具体表现在：教学能力参差不齐；只注重对学生技术层面的训练，却忽略了对学生心理、思想和精神层面的培养。同时，足球教练员的薪资待遇方面也存在着问题，多数教练由于没有编制，无正式职工的福利且课时费较低。

（三）场地器材问题

校园足球场地设施建设以及相关器材的配备和更新，已经成为我国青少年校园足球活动开展，大中小学开设足球课与培养青少年足球兴趣的物质条件。但仍然存在一些问题，例如，城市和乡村足球场地分布不均，调查结果显示，"城市被调查的小学、初中和高中没有配置室外足球场地的比率分别为60.3%、49.4%和22.1%，乡村初中、小学及镇区小学尤为严重，其足球场地无配置率分别为64.5%、62.8%和63.1%。"另外，有些"城区高级中学足球场中，水泥和泥地材质也占据一定比例，分别为8.5%和1.7%。"这些材质相对坚硬，学生长时间使用这类场地，无形中增加了安全隐患。

（四）资金投入问题

资金是维持校园足球发展下去的主要支撑点，如果资金缺乏就意味着很多基础设施和器材无法到位，将阻碍校园足球活动的发展。

（五）安全问题

学生安全的保障是学生家长与教师共同关注的问题，也是学校组织开展各项体育项目活动的基础。因此，在教学和训练过程中，要加强对学生的安全管控，例如，如何热身、如何安全使用场地设施、在运动过程中应注意哪些问题等，都需提前向学生讲清楚，课后或训练结束后要进行评估与反馈。与此同时，要完善保险制度，这样会大大减轻学校、家长和学生的负担。

（六）观念问题

我国应试教育中的有些弊端导致家长害怕，甚至担忧体育运动阻碍孩子顺利度过学习的黄金时期。部分家长在处理孩子踢足球和学习关系的问题上，有着自己的理解，只是把踢足球当作孩子的一种兴趣，却认识不到足球活动对孩子各方面的促进作用。学校以及教师也没有及时向家长传达足球活动开展对学生未来成长的意义。

四、中国足球对校园足球发展的影响

足球运动具有广泛的社会影响，深受广大群众喜爱。发展和振兴足球，对提高国民身体素质、丰富文化生活、弘扬爱国主义集体主义精神、培育体育文化、发展体育产业、实现体育强国梦具有重要意义，对经济、社会、文化建设也具有积极的促进作用。

新中国成立后，中国国家队曾集体去匈牙利留学，并于1958年回国，可惜在冲击1958年世界杯决赛圈的比赛中失利。其后，因政治问题足球运动在中国遭到了禁止。改革开放之后，中国队于1982年冲击世界杯决赛圈，再次遭遇失败。这是中国足球经历了长期封闭，重返国际足联后的首次冲击世界杯出线权。实质上，这场比赛是中国足球现代史的开端，是中国足球与外界第一次全方位的碰撞与较量，使中国人第一次意识到现代足球的残酷，并初步接触到以主客场为代表的国际足坛的通行赛制。

1985年5月19日，由于中国队在世界杯预选赛中主场败给了中国香港队，失去了出线权。从此，中国足球不再孤立地被当作体育运动，而是更多地从文化角度，被当作中国社会的一个窗口。中国队在亚洲从极盛转向衰落，技战术风格从主动进攻演变为防守反击，逐渐向二流水平滑落。1992年6月，中国足协在北京西郊的红山口召开了著名的"红山口会议"，将职业化作为足球改革的突破口。职业化的主要动机是让各参赛球队脱离原有的政府行政体育机制，完全以商业化和市场化作为生存发展的手段。在 1994 年之前，中国国内的足球队均为专业队，大多数由各地足球协会管理，名称也以各省市的地名为主。此外，中国还有相当数量的下属于不同国有事业单位的行业体协，如原铁道部下属的火车头队、军队下属的八一队、武警部队的前卫队等。1994 年，第一届职业化的甲 A 联赛开始。职业化的甲 A 联赛、甲 B 联赛一共进行了 10 年，2003 年赛季结束后，改制为中国足球超级联赛和中国足球甲级联赛。

除了传统的男子足球，中国也在努力发展女子足球。在 1996 年奥运会和 1999 年世界杯上中国女足均获得亚军，在全国掀起了女足热。

2001 年 10 月 7 日，世界杯预选赛亚洲区十强赛，中国足球队在五里河体育场战胜阿曼队后，提前获得 2002 年世界杯决赛阶段入场券，这是中国足球第一次进军世界杯决赛阶段，圆了 44 年的世界杯之梦。2008 年 8 月 7 日晚，中国国奥队的董方卓用一粒精准的头球打破了中国足球在奥运会不进球的"零"纪录。

中国足球超级联赛开始于 2004 年，前身为原中国足球甲级 A 组联赛。第一届计划有 12 支球队参加，前两届暂停降级制度，于 2006 年恢复升降级。

中国足协从 20 世纪 90 年代初期开始探索发展职业足球，改革一度带来活力，但由于对足球的价值和规律认识不足，急功近利的思想严重，组织管理体制落后，人才匮乏、监管缺失，导致足球发展的社会基础薄弱，行业风气和竞赛秩序混乱，运动成绩持续下滑。2009 年以来，通过以打击假赌黑为重点的治理整顿、发展校园足球等举措，足球事业趋势向好，迎来一个新的高潮。但相对于迅速发展的世界足球和亚洲足球，中国足球仍全方位落后。振兴足球事业是建设体育强国的必然要求，也是人民群众的热切期盼。

2015 年 2 月 27 日，在中央全面深化改革领导小组第十次会议上，审议通过了《中国足球改革发展总体方案》。2015 年 3 月 16 日，《中国足球改革发展总体方案》出台：中国足协与体育总局脱钩，不设行政级别；举办世界杯、国足踢进世界杯是目标；建立职业联赛理事会运营中超；研究发行中国联赛足彩；加大国足投入，新建两个训练基地；到 2025 年建 5 万所足球特色学校。

坚定不移地推进改革、振兴足球，并以此为突破口，深化体育管理体制改革，是体育战线贯彻落实党的十八大和十八届二中、三中、四中全会精神，顺应人民群众新期待，提升中国体育大国形象，实现体育强国梦的实际行动。

中国足球目前面临着巨大挑战。中国足球曾经在 2002 年在米卢的带领下获得世界杯决赛阶段的参赛资格，凝聚了众人期待的目光，中国足球受到了前所未有的关注。然而，2002 年之后，中国男足一直未能突破世界杯预选赛，成绩逐年下滑。中国足球联赛也面临着赌球、假球等诸多问题，中国足球陷入低谷阶段，与亚洲的日本、韩国相比，差距越来越大。在这种情况下，中国足球在国人心目中的形象摇摇欲坠，中国足球成为国人心中的"伤疤。"

目前，竞技体育排解社会不良思绪和心理状态的社会功能也没有在足球运动上体现。相反，中国足球的发展成为饱受争议的社会问题，人们更多的是带着批判的眼光去看待，甚至有人以极端的态度否定中国足球。中国足球没有真正发挥其社会价值，激励民众。

中国足球暴露出的问题对于校园足球的发展产生了重要的影响。近些年，足球运动水平不断下降，社会价值缺失，国家充分认识到发展校园足球的重要性，要想彻底改变现状，必须从底层做起，从学生抓起。而中国足球的这种大环境同样给校园足球的开展带来了许多障碍。对于学生来说，他们中大多数的未来发展都是由父母进行规划，当中国足球成为人们痛斥的内容时，必然会动摇父母对孩子的支持。同时，由于负面新闻的影响，校园足球的开展必然会受到影响。

第三节　校园足球开展的意义

目前，多数人认为中国足球已经到了最低点，几乎毫无优势可言。但是，中国足球发展的历史积累，也为中国足球留下了很深厚的基础。无论是社会、集体还是个人都仍然对中国足球抱以殷切的希望，而一些社会力量更是参与到中国足球的振兴工作中，形成了支持中国足 球走出低谷的强大力量。校园足球的开展是中国足球振兴的基础，也是中国足球后备人才培养的重要资源。

未来将逐步实现体育与教育相结合，普及与提高相结合，使多元化的培养途径互相支持、优势互补、资源共享、互利共赢，共同构建可持续发展的校园足球培养体系，从而推动青少年足球运动整体水平的提高。

一、校园足球是实现足球梦、中国梦的重要途径

习近平总书记把"中国梦"定义为"实现中华民族伟大复兴，就是中华民族近代以来最伟大梦想"。而足球梦是实现中国梦的一部分，体育强国是中国梦的重要领域，需要通过体育激发国人民族自豪感。足球是高度展现竞技体育魅力、推动体育发展的运动项目，因此，从基层的校园做起，大力发展校园足球，对于足球梦以及中国梦的实现均具有重要意义。

池忠国——校园足球的成功范例

对于校园足球能不能培养出职业球员这一问题，池忠国就是最好的答案。作为一名普通高中生，池忠国因为热爱足球，一边学习一边训练，逐步成长为职业球员。这个过程用他自己的话说就是"像流水一样自然"。2017年国足公布"中国杯"23人名单，池忠国的名字赫然在列。这是他首次入选国家队，也是延边籍球员时隔27个月再次出现在国家队名单中。

从高中生到职业球员

池忠国说，进入国家队是他第二次梦想成真。刚进入延边队时，他就有过类似的成就感。这是因为他的成长轨迹与国内大多数球员不同。池忠国是从全日制高中毕业生进入职业赛场的，他也是迄今延边足球历史上唯一一个有如此身份的职业球员。

从 8 岁开始，池忠国喜欢上了足球，其原因是父亲热爱足球。"记得那时候我爸爸常给我拿来一些录像带让我看，都是明星踢球的片段。"池忠国对小时候踢球的深刻记忆是，最开始一个人默默地踢球的时间比较多，"因为同学们都去写作业了"。

上学后，池忠国就读的学校并非传统的足球学校，但他一直坚持在足球队训练。上学期间，池忠国每天上午学习，下午训练。"老实说，我的学习成绩挺差的，我对足球的喜爱远远高于读书学习。"中考时，池忠国以足球特长生的身份进入了延边一中，并代表学校参加了亚洲中学生足球比赛。

2007 年底，19 岁的池忠国与韩光徽一起来到了北京理工大学。池忠国虽然热爱足球但并不想放弃学业，他想一边读书，一边如"流水一样自然地转为职业球员"。然而北京理工大学认为池忠国的身体素质不行，只留下了韩光徽。回到家后，延边队梯队教练叫池忠国来试训，两个月后，表现优异的池忠国进入了延边队一队，成为一名职业球员。

在大上海得到了锻炼

在中国足球的版图上，延边是一个特殊的地方。这里是"足球之乡"，曾经为中国足球输送过不少优秀人才。但由于近几年缺乏资本注入，延边足球一度在低级别联赛中挣扎。那几年，延边队没场地，没健身房，有时候球队不得不去延边大学的人造场地训练，对球员的膝盖损伤很大。"训练条件太恶劣了，根本练不了什么。"池忠国说。

其实延边足球的落魄从入选国家队的延边籍球员就可见一斑，在池忠国之前，上一次得到国家队召唤的是目前在北京国安效力的朴成，不过，真正以延边队现役球员身份入选国家队还要追溯到 2010 年时的金敬道。

挣扎中的延边队在 2014 赛季末从中甲降级（后来由于广州日之泉解散，球队递补回中甲），一些优秀的球员也没能留住。池忠国和崔仁在那次球员外流中加盟了上海申鑫。"我当时对中超非常的渴望，所以就去了上海申鑫。"池忠国说。

在申鑫，池忠国凭借自己出色的传球意识以及大局观，很快站稳脚跟，首轮比赛就打入一球。即便远在上海，池忠国也是心系家乡。也有不少延边球迷专程去看他的比赛。在一次申鑫同广州富力的客场比赛结束之后，看台上有一名延边球迷，也是那场比赛唯一的申鑫球迷。比赛结束后，得知情况的池忠国没有多说什么，他走到场下，脱下球衣，抛向了这位球迷。

延边是个特殊的地方

池忠国很谦逊且不善言谈。不过，每每谈及延边队和延边球迷，他总是忍不住要夸上几句，"到哪还是延边球迷最给力，你到我们主场就能感受到。"即便是延边队落魄的那几年，延边队的主场也没少过球迷。"延边是一个特殊的地方。"池忠国说。

2015赛季申鑫提前降级，延边队时隔15年重新回到中国足球顶级联赛。在申鑫一年的锻炼也让池忠国"抗压能力更强，变得更加成熟，对于教练的技战术要求也理解得更深了"。主教练朴泰夏非常认可池忠国，于是启动了让他回归延边队的计划。

在中超各大豪门烧钱愈演愈烈的大环境中，延边队仍然是一个异类。他们的全队身价仅有480万欧元，排名中超倒数第一，没有一个大牌外援。池忠国和崔仁二人也是球队中仅有的拥有中超经验的球员。但条件得到改善的延边队在朴泰夏的调教下迸发出巨大的能量。一个赛季下来，这个降级的大热门以37分获得联赛第9名，让人刮目相看。"应该靠的就是队员之间的团结和默契，团体精神弥补其他差距。"在池忠国看来，延边队员的精神面貌是要给"赞"的。

尽管队中的韩国外援都身价不高，但还是很好用，"没有语言障碍，他们也容易接近我们。"池忠国也在学习他们的优点："他们的技术、速度更强，自我管理很严格、很职业。"

到国家队会好好表现

2017 年 1 月 3 日，国足公布"中国杯"23 人名单，池忠国上榜。这是池忠国第一次接到国家队发给自己的集训通知，这个消息让他兴奋了好一阵子。主教练朴泰夏第一时间祝贺了他，告诉他要在国家队好好表现。"这种机会对我来说很难得的，要珍惜机会，好好展示一下自己的实力。"池忠国说。

现在这支国家队在他的眼里是"斗志满满""肯定会有希望"，池忠国也期待着国家队集训开始那天早日来到。

（资料来源：新京报）

二、校园足球促进我国足球运动发展

现代足球竞技水平迅猛提高的现状，使得青少年足球训练已成为各国交相竞争的战略焦点。许多国家都认识到：唯有抓好青少年足球训练的基础工程，竞争才有雄厚的基础；拥有青少年足球人才的优势，才有资格去参与当代高水平的角逐；唯有青少年足球活动的常抓不懈，才能为本国足球运动持续发展创造根本条件。习近平总书记曾表示："中国世界杯出线、举办世界杯比赛及获得世界杯冠军是我的三个愿望。"青少年足球的发展是我国足球可持续发展的基石和源头。2015 年，习近平总书记主持召开的第十次深化改革会议，审议并通过了《中国足球改革总体方案》。2016 年。由国家发展改革委、国务院改革发展部联席会议办公室（中国足球协会）、体育总局、教育部共同编制的《中国足球中长期发展规划（2016—2050 年）》中提出，我国将实施"十三五"校园足球普及行动。发展体育产业推进足球改革是中国体育"十三五"期间的重要内容。只要坚持广泛开展校园足球活动，不久的将来定会大大促进我国足球整体水平的提高。

三、校园足球为传统的体育教学模式注入新的活力，推动教学改革

在传统的体育教学模式中，运动技术教学是体育课程的中心。过分强调课堂结构使之不能和素质教育所要求的教学目标相适应，无形中也影响了教师的创造性，使课程形式变得单调，限制了学生求知、求学的主动性。而开展校园足球却在体教结合方面走出了一个创新之路，为传统的体育教学模式注入新的活力，推动教学模式改革。

中国的青少年足球教学模式长期以来处于单一、固化的模式，完全围绕着全运会和奥运会，目标是为了取得更好运动成绩，但缺乏科学性和系统性。而校园足球的开展另辟蹊径，开拓了一种全新的体育教学模式，是在学校大力发展足球运动，一方面为足球事业发展输送高水平运动员，另一方面，是为了学生的全面发展而考虑，让校园足球为传统的学校体育模式增加活力。

目前，全国大、中、小城市的中小学与高校都在相继开展校园足球活动，改变过去的教学模式，更多地注重学生的发展，考虑学生的未来。而不是一味地把成绩作为衡量足球运动的唯一目标。

四、校园足球促进广大青少年的全面发展

长期开展足球项目的活动和竞赛，以丰富多彩的体育活动、竞赛为杠杆，潜移默化地使学生形成运动意识和健康意识，养成良好的生活习惯。经常参加足球活动能有效地发展速度、灵敏、耐力、力量、协调性等身体素质，提高人体各器官系统的功能，促进青少年的生长发育。同时，还能培养青少年勇敢顽强、机智果断、坚韧不拔、勇于克服困难的优良品质和团结拼搏的集体主义精神。积极开展校园足球活动能有效地占领课外业余阵地，促进学生德、智、体、美全面发展。

五、校园足球培养学生的团队精神

体育比赛的魅力在于表现人的勇敢、果断、不断攀登人体极限的高峰。在于团结拼搏的集体主义和团队协作精神。足球比赛需要发挥团队的最大能量与对手对抗，要获胜必须依靠集体的力量，学生在长期比赛过程中不知不觉地就会养成与队友之间的相互配合、相互协作的习惯，同时认识到团队、集体的力量，有利于培养学生的集体主义荣誉感和团队协作精神。

相比于其他运动，足球更能凸显团队精神的重要性。学生通过参与足球运动，更具团队精神，足球运动对学生未来的成长有着深远意义。

六、校园足球有利于培养学生的礼仪礼貌，构建和谐校园

在足球比赛及各项足球活动中，学生学会了要尊重裁判、尊重对手、尊重观众；在各种身体接触中学会宽容、学会谦让、学会道歉、学会帮扶等；在足球活

动中还能学会互相交流、团结友好，学会文明观球、文明助威等。这些都是礼仪礼貌教育重要的组成部分。

七、校园足球为学生提供展现自我的舞台

中小学生的身心发育尚未完善，其特点表现为好胜、自我表现欲强。在自我表现欲的驱使下，他们渴望获得更大的空间来表现自我、张扬个性。校园足球运动可以使学生展现自己的技战术，不断体验成功的感觉，促进自信心的不断提高。

八、校园足球有利于校园文化建设

开展足球活动是校园活动的重要组成部分，开设足球课程，是班级文化的一个缩影，也是班级文化的具体体现，良好的班级足球文化，能有效促进班级文化建设。

第二章
高职校园足球的开展

作为国家人才栋梁，大学生的各方面素质都是每个高校培养的重要目标，其德、智、美方面的素质固然重要，但是大学生的身体素质应该是全面发展的前提条件。在高职院校中，足球课作为一项体育活动而开展，并一直深受大学生们的喜爱。但是足球课的开展也存在很多不足，应从高职学生的生理特征、心理特征和体能等方面进行分析来制订足球培训方案。还应根据高职学生的特点来对其进行足球兴趣的培养，以提高足球教学的成效。

第一节　高职学生的生理特征分析

高职学生群体正处于一生当中精力最为充沛的年龄段，无论是在身体机能，还是在智力思维方面，都处于人生的"黄金阶段"，但是他们所面临的来自学业、深造、就业、恋爱等方面的压力也是处于人生其他阶段的群体所没有的。在这种特殊的情况下，有的年轻人不顾自己的身体，以透支健康为代价，换来短暂的、脆弱的"成功"。这种方式不仅是对个人人生不负责任的表现，也是一种偏激的回报父母、家庭的方式，更是国家、民族的重大损失。参与体育运动是促进大学生身体健康的方式。

大学体育是指在大学期间各种各样的用以增强体质、促进身心健康、丰富生活、调整心态、愉悦身心的体育活动方式，包括体育教学、课余体育锻炼，是进行身体运动的最直接、最普遍的形式，充分反映了体育的本质特点与价值。大学体育是学生日常生活的一个重要组成部分。通过参加体育活动，学生可以拓宽生活的时间与空间，不断提高身体素质。在增进健康的同时，不断地完善自己的精神能力，追求卓越，展示才华，挖掘潜能，实现理想。进行体育锻炼还能调节自己的心理状态，陶冶性情，磨炼意志，满足不断增长的身心发展的需要，增强自信心、自尊心，进而丰富生活内容，提高生活质量。体育锻炼是人们获得身心健康最容易、最廉价、最有效和最受欢迎的方法与形式。大学体育对大学生身体、心理的教育培养以及人格、品质的塑造有着积极、独特的作用。

随着校园足球运动的广泛开展，高职院校参与足球运动的人数逐渐增多，学校抓住机遇，大力发展足球教育事业，培养学生的足球兴趣。科学的体育锻炼是建立在人体基本的生理、心理活动规律之上的。要科学地掌握体育锻炼方法必须要了解基本的生理、心理活动规律，理解体育锻炼的基本生理学、心理学原理。掌握高职学生的生理、心理特征对于校园足球的开展有重要的推动作用。

一、高职男生生理特点

（一）运动系统

运动系统由骨骼、关节、肌肉三个部分组成。随着年龄的增长，坚固性增强，韧性降低，骨骼软骨逐渐骨化，到大学高年级时，骨化基本完成，身高不再增加。在这一时期，由于骨骼柔软且可塑性较大，应注意保持正确的身体姿势和身体的全面发展，避免一侧肢体或局部用力过多，造成肢体特别是脊柱出现病理性弯曲。同时，注意适宜的运动负荷，防止负荷过大造成骨化提前，影响身高继续增长。

这一时期的关节软骨较厚，关节囊韧带伸展性大，关节周围的肌肉细长，所以关节活动范围大，但牢固性较差，在外力的作用下易脱位，因此要提高柔韧素质，重视发展关节的坚固性，以防关节脱位。

随着年龄的增长，肌肉中水分明显减少，有机物增多，肌纤维增粗，横向发展较快，肌肉重量不断增加，肌力增强，因此应进行较多的力量练习，以促进肌肉继续生长。

人体有 400 ~ 600 块骨骼肌，通过肌肉的收缩和舒张，得以进行多种运动和维持各种优美的姿势。肌肉接受主神经冲动后，会产生收缩从而引起身体的运动。骨骼肌收缩时，会牵引它所附着的骨骼产生运动，肌肉只能"拉"而不能"推"。对每一块引起运动的肌肉来说，总有另一块肌肉产生相反的动作。举一个简单的例子，一块肌肉能使我们的腿弯曲，同时还会有另一块肌肉将其拉直，这些肌肉对被互相称为拮抗肌。

（二）心血管和呼吸系统

高职学生心脏的结构和机能正逐步完善。心脏的重量已达到成人水平。心率减慢，心脏收缩压增加，每搏输出量增多。肺的机能也逐步提高，肺活量也接近成人水平。但是最大摄氧量和负氧债能力较成人低，女生又比男生低。此时期的体育锻炼可适当增加静力性练习和耐力练习，以有效提高心肺的功能。

（三）神经系统

神经系统的发育最早、最快，其功能在少年期已日趋完善，但大脑皮质中兴奋和抑制两个过程不够均衡，兴奋过程占优势而抑制过程相对较弱。到大学阶段，人体的第二信号系统得到发展，抽象思维能力不断提高。

根据上述特点，高职学生在运动实践中应注意多样化，避免单调的训练内容，多安排些竞争性的游戏和小型比赛，以提高兴趣。在活动安排上应适当提高密度，相应缩短时间，可增加些技术分析，以培养其思维能力。

（四）身体素质

在生长发育过程中，身体素质的发展存在着自然增长的现象。到大学阶段，男生的腰腹力量的增长转为领先，其次是下肢爆发力，臂肌静力力量、耐力增长较晚。因此，发展身体素质和运动能力十分重要。

二、高职女生生理特点

（一）运动系统

女子身高、体重一般低于男子。女子躯干长，四肢短，肌肉比重小（女子32% ~ 35%、男子40% ~ 45%），脂肪比重大（女子28%、男子18%），胸廓小；但女子盆骨宽，重心低，关节韧带富有弹性，椎间盘厚，脊柱柔韧性好。

（二）呼吸系统

女子的胸廓和肺廓的容积小（男子肺总容量为3.61 ~ 9.41升，而女子仅为2.81 ~ 6.81升），加上女子呼吸肌肉力量较弱、胸廓狭窄、耐力差、呼吸深度浅、肺通气量小，因此肺活量小于男子（女子2500 ~ 3000毫升，男子3500 ~ 4000毫升），最大吸氧量和氧债最大值均低于男子。

（三）心血管系统

女子心脏体积较小，心脏重量较男子轻10% ~ 15%，心脏容积也比男子小，所以女子的心血输出量小，安静时的脉率比男子高（女子77.5次/分，男子75.2次/分），心脏收缩力量比男子弱，血压比男子低。

此外，女子还有月经、妊娠、分娩、哺乳等生理过程和特点。

三、高职学生足球运动的生理学基础

（一）物质代谢

1. 糖代谢

糖在体内存在的主要形式有两种：一种是以糖原的形式存在于组织细胞浆内，主要是肝细胞中的肝糖原和肌细胞中的肌糖原；另一种是以葡萄糖的形式存在于血液中，称血糖。

2. 运动与糖代谢

（1）血糖浓度与运动能力

在不同持续时间和运动强度的运动中，血糖浓度的变化有所不同。短时间、剧烈运动后，血糖浓度升高。长时间运动（如马拉松）会降低血糖浓度，但马拉松赛后，血糖浓度是恒定的。在运动前或运动中，适量地补充糖可维持血糖正常水平，提高运动能力，延缓疲劳发生。所以，血糖水平的稳定对于运动能力的提高有重要的意义。

（2）糖原储备与运动能力

运动性疲劳或过度训练的原因之一是体内肌糖原储量的耗竭，所以在大于1小时的运动中应适量补充糖，可通过提高血糖水平、增加运动中糖的氧化供能、节约肌糖原的损耗、减少脂肪酸和蛋白质的供能比例，使运动的耐受时间延长，延缓疲劳发生，提高运动能力。合理膳食与适宜运动相结合是提高机体糖原储备的有效途径。

（二）脂肪代谢

运动过程中脂肪代谢具有如下的特点：动员较慢，长时间运动的后期主要依靠脂肪酸氧化供能，短时间剧烈运动时脂肪分解受到抑制。

运动对脂肪代谢的影响：提高机体利用脂肪酸氧化供能的能力，改善血脂，减少体脂积累。

（三）蛋白质代谢

1. 蛋白质在体内的代谢

人体组织蛋白质及一些含氮物质总是在不断地分解与再合成。通常通过测定食物中的氮含量和尿中排出的氮量，来确定人体蛋白质的代谢状况。正常情况下，人体蛋白质的代谢状况与组织的生理活动相适应。正常成年人体内的蛋白质分解与合成处于一种动态平衡状态，即摄入氮等于排出氮，称为氮总平衡。正处于生长发育期的青少年，其组织细胞中的蛋白质的合成大于分解，即摄入氮大于排出氮，称为氮的正平衡；而饥饿者或消耗性疾病患者的组织细胞中的蛋白质的分解就明显地增强，即排出氮大于摄入氮，称为氮的负平衡。

2. 运动对蛋白质代谢的影响

运动对蛋白质代谢的影响主要体现在两个方面：机体运动时蛋白质可提供一部分能量；运动导致骨骼肌蛋白质合成增加——肌肉壮大。

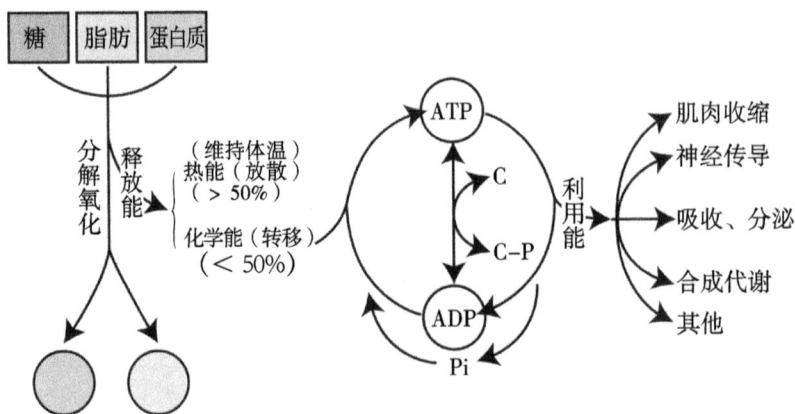

（四）能量代谢

能量代谢是指物质代谢过程中所伴随着的能量释放、储藏、转移和利用的过程。人体进行运动时，能量供应是运动员获得充沛体力和良好运动成绩的重要条件。运动时能量供应有其生理、生化规律，认识这些规律，对正确选择锻炼内容和提高锻炼效果是必要的。

1. 能量来源

人体内维持各种生命活动的能量只能从食物中获得，即糖、脂肪和蛋白质结构中的化学能。剧烈运动时，体内供氧不足，糖进行无氧代谢，经过一系列反应生成乳酸。在这个过程中，一分子葡萄糖可以转变为二分子乳酸，并释放能量。这些能量由二磷酸腺苷（ADP）接收而生成三磷酸腺苷（ATP），ATP是肌肉运动的直接能量来源。机体维持生命活动需要不断消耗ATP。ATP的不断生成又保障了机体连续不断的能量供应。生物体内能量的释放、转移和利用的过程都是以ATP为中心进行的，而ATP的分解与再合成的速度随代谢的需要而变化。

2. 运动强度和持续时间对能量代谢的影响

（1）极限强度运动与次极限强度运动

最大强度的运动必须启动能量输出功率最快的磷酸原系统。由于该系统供能可持续75秒左右，因此，首先动用磷酸肌酸（CP）使ATP再合成。当达到CP供能极限而运动还需持续下去时，必然要启动能量输出功率次之的乳酸能系统，表现为运动强度略有下降，直至运动结束。

（2）递增负荷的力竭性运动

运动开始阶段，由于运动强度小，能耗速率低，有氧氧化系统能量输出能满足其需要，故启动有氧氧化系统（主要是糖的氧化分解）。随着运动负荷的逐渐增大，当有氧供能达到最大输出功率时，仍不能满足因负荷增大而对ATP的消耗时，必然导致ATP与ADP比值明显下降，此时必然会动用输出功率更大的无氧供能系统。因磷酸原系统维持时间很短，所以此时主要是乳酸能系统供能，直至力竭。

（3）中低强度的长时间有氧耐力运动

此类运动（如马拉松）由于持续时间较长，因此运动强度一定要适应最大有氧供能能力的范围。运动的前期以启动糖有氧氧化供能为主，后期随着糖的消耗增加而逐渐过渡到以脂肪氧化供能为主。由于脂肪氧化的耗氧量大、动员慢、能量输出功率小于糖有氧氧化供能等特点，故脂肪的动用只能在运动后期出现。但在后期的加速、冲刺阶段，仍动用糖来供能。

（五）氧的供应

机体在新陈代谢过程中，需要不断地从外界环境中摄取氧气并排出二氧化碳。这种机体与环境之间的气体交换称为呼吸。

呼吸系统是氧运输系统的重要组成部分，其主要机能是实现机体与外界环境的气体交换，以使血液中的氧化分压、二氧化碳分压、氢离子浓度维持在正常生命活动所允许的范围之内。运动时，机体代谢旺盛，所需氧量及二氧化碳排出量大大增加，呼吸过程必须加强，所以训练（特别是耐力训练）必将使呼吸系统的形态、机能产生适应性变化。

人体主要的呼吸肌为膈肌和肋间外肌。当膈肌收缩时腹部随之起伏，肋间外肌收缩时胸壁随之起伏。因此，以膈肌运动为主的呼吸形式称腹式呼吸，以肋间外肌运动为主的呼吸运动称胸式呼吸。成人的呼吸一般都是混合式的。

呼吸形式与年龄、生理状态、运动专项等因素有关。在进行体育锻炼时，要根据动作的特点灵活转变呼吸形式，这样有利于提高动作质量和运动成绩。

（六）肌肉的工作过程

1.肌肉的活动

人体肌肉可分为骨骼肌、平滑肌和心肌三大类，其中骨骼肌数量最多，约占体重的40%。躯体运动，包括体育活动中各式各样的运动动作，都是由骨骼肌的活动来完成的。而内脏器官的活动，如胃肠道的运动和心脏的跳动，则分别由平滑肌和心肌的活动来实现。肌肉的活动是通过肌肉的收缩与舒张来进行的。肌肉在收缩与舒张过程中，产生张力和长度的变化，并牵引骨杠杆产生一定的位移运动或使之保持一定的位置，从而实现各种各样的身体运动和维持各种优美的身体姿势。

2.肌肉的兴奋与收缩

在完整的机体内，肌肉的收缩是由神经冲动引起的，即来自中枢神经系统的神经冲动传至脊髓运动神经元后，经运动神经纤维传递给所支配的肌纤维，从而引起肌肉收缩。因此，肌肉的收缩，应包括神经纤维兴奋的产生、传导、传递，以及肌肉的收缩过程、机制、形式及其力学特征等基本内容。

3. 肌纤维类型

肌肉的基本功能是收缩，而实现肌肉收缩功能的结构单位是肌细胞。肌细胞外形呈细长圆柱状，又称肌纤维。人体的肌纤维可分为慢肌和快肌两种类型。参加短时间、剧烈运动的项目，如短跑、举重等项目运动员，肌肉中快肌纤维百分比明显占优势；而参加耐力性项目，如马拉松、长跑等项目运动员，肌肉中却是慢肌纤维的百分比占优势；对有氧能力和无氧能力需求均较高的中跑运动员，其两类肌纤维的分布接近相等，类似的情况亦见于跳高运动员。

体育锻炼中用不同的练习手段，可分别发展不同类型的肌纤维，同时，运动员的肌纤维百分比构成并不是决定运动成绩的唯一因素。一个优秀的马拉松运动员和一个短跑运动员的快肌和慢肌百分比可以几乎相等，证明肌纤维类型的分布只是影响运动成绩的因素之一，而不是唯一因素。优异的运动成绩最终是由生理、生化、心理和生物力学等所谓的"支持系统"共同作用的结果。

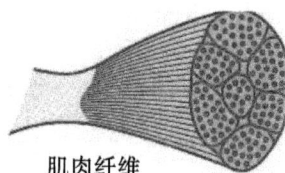

肌肉纤维

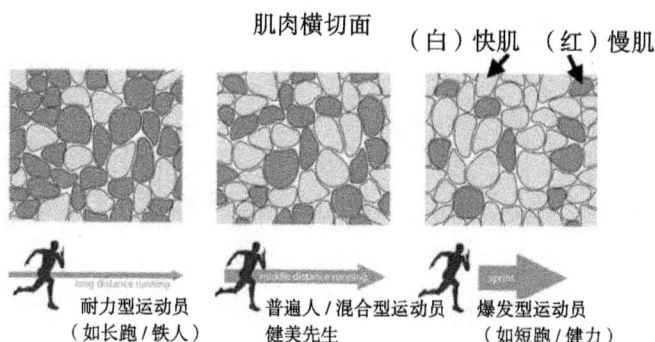

肌肉横切面　　　（白）快肌　（红）慢肌

耐力型运动员　　　普通人/混合型运动员　　爆发型运动员
（如长跑/铁人）　　健美先生　　　　　　（如短跑/健力）

（七）恢复与超量恢复

恢复过程是指人体在体育运动结束后，各种生理功能和能源物质逐渐恢复到运动前状态的一段功能变化过程。运动时体内代谢过程加强，不间断地代谢以满足运动时能源的补充需要，在运动中及运动停止后能源物质都在不断进行补充和恢复，只不过运动中的能量消耗大于补充，运动后的体内能量消耗慢于补充。

能量恢复过程可分为三个阶段：第一阶段是运动中恢复过程就开始，但由于锻炼中消耗多，此时的恢复跟不上消耗量，因此能源物质储备逐步下降；第二阶段是运动结束后，此时体能消耗能源物质减少而补充不断加大，直到补充恢复达到运动消耗前的原水平；第三阶段就是超量恢复阶段，能源物质恢复不仅能到原有水平，而且达到安静水平后并没有停止，而是继续补充，使在一段时间内的能源物质恢复可超过原来贮备水平，比运动前的能源物质的储备量还要多，称之为"超量恢复"。超量恢复现象并不是在恢复期始终存在，而是保持一段时间后又回到原有水平。运动强度的大小对能量消耗有直接影响，同时对超量恢复出现的强弱也有直接影响，运动强度大超量恢复明显，相反则超量恢复就弱或根本不出现。超量恢复学说是运动训练学中大运动量训练原则的理论依据之一。认识和掌握这种运动效应的产生的生理机制，遵循这条训练的规律原则，在体育锻炼中安排好负荷量，把握住超量恢复时机，对于加大运动负荷，达到最好训练效果及在比赛中取得最佳成绩是非常重要的。运动实践证明，运动员在超量恢复阶段参加训练和比赛，能提高训练效果和创造优异比赛成绩。

（八）体育运动与呼吸系统

氧气的摄取和运输是通过呼吸、血液和血液循环来联合实现的，生理学上称之为氧的运输系统。氧运输系统功能储备的大小是决定体育锻炼能力，特别是耐力水平的重要条件。

1. 呼　吸

人体与外界环境之间进行的氧与二氧化碳的气体交换的过程称为呼吸。它包括肺通气和肺换气。

（1）肺通气

呼吸的第一步是通过呼吸肌的活动，使胸廓产生有节律性的扩大和缩小运动，从而引起空气有节律地出入肺部的运动，称肺通气。每次肺通气过程中进出肺的气体量称为潮气量。潮气量与呼吸频率的乘积称为每分肺通气。正常人安静时潮气量约为 500 毫升，呼吸频率为 12 ~ 16 次／分，因此，每分通气量为 6 ~ 8 升，这是健康人在安静时的正常值。运动时，在一定范围内，每分通气量将随运动强度的增加而增加。经常从事身体锻炼，其呼吸器官的功能将会得到提高，如果最大通气能力也会得到相应的提高。最大通气量是检查肺通气功能的一个重要指标。最大通气量小，通气储备少，则难以胜任剧烈运动或高强度劳动，因此，最大通气量与体育锻炼能力或劳动能力密切相关。

（2）肺换气

肺换气指新鲜空气经呼吸道进入肺泡后，肺泡气与肺泡毛细血管内血液进行氧和二氧化碳的交换。肺换气在肺泡和血液之间进行。因此，潮气量中只有进入肺泡的空气才能参加气体交换，而存在于呼吸道的空气，不参加气体交换，故称呼吸道为解剖无效腔。从气体交换的角度考虑，只有肺泡通气量才是有效的通气量。肺泡通气量是指每分钟出入肺泡进行气体交换的气体量。计算公式如下：

$$肺泡通气量 = （潮气量 - 无效腔）\times 呼吸频率$$

无效腔的容积是不变的，约为 150 毫升。人在进行浅而快的呼吸时，尽管随着呼吸频率的增加每分通气量可增加，但肺泡通气量则因解剖无效腔的存在而减少。而进行深而慢的呼吸时，解剖无效腔占用的次数少，肺泡通气量增加，呼吸效率明显提高。所以，在慢跑运动中，应有意识地提高呼吸深度。

2. 气体交换

空气进入肺泡后，空气中的氧气立即与血液中的二氧化碳进行交换。肺泡中的氧进入血液中，血液中的二氧化碳进入肺泡内。在毛细血管与组织（肌肉）之间也进行着气体交换，血液中的氧进入组织，组织中的二氧化碳进入血液。

3. 氧的运输

氧在肺部进行气体交换进入血液后，小部分溶解于血液，大部分由红细胞中的血红蛋白负载，通过血液循环，被运送到组织细胞处，再一次进行气体交换，进入组织细胞中被利用。血液运载氧的能力主要取决于红细胞中血红蛋白的数量。

四、高职学生体育锻炼对生理特征的影响

（一）体育锻炼对运动系统的影响

体育锻炼能够预防骨骼肌、韧带、关节等器官的损伤和退化，使学生的运动系统功能得到改善。

1. 体育锻炼对骨骼的影响

体育锻炼时骨骼的血液供给得到改善，骨骼的形态结构和性能都会发生良好的变化。体育锻炼使骨密质增厚，骨骼变粗，骨小梁的排列更加整齐而有规律，骨骼表面肌肉附着的突起更加明显，这些变化可使骨变得更加粗壮和坚固，从而提高了骨的抗折、抗弯、抗压缩和抗扭转性。

2. 体育锻炼对关节的影响

体育锻炼既可增强关节的稳固性，又可提高关节的灵活性。关节稳固性的提高，主要是由于体育锻炼增强了关节周围肌肉力量的结果，同时与关节和韧带的增厚也有密切关系。关节灵活性的提高，主要是关节囊韧带和关节周围肌肉伸展性加大的结果。例如，游泳时肩、肘、手、足等关节运动幅度都会加大，致使灵活性提高。人体柔韧性的提高，肌肉活动协调性的加强，有助于各种复杂动作的完成。

3. 体育锻炼对肌肉组织的影响

（1）体育锻炼能使肌纤维变粗，肌肉体积增大，因而肌肉显得发达、结实、健壮、匀称、有力。正常学生的肌肉占体重的 35% ~ 40%，而经常从事体力劳

动和体育锻炼的人，肌肉可占体重的 45% ～ 55%。

（2）体育锻炼能使肌肉组织的化学成分发生变化，如肌肉中的肌糖原、肌球蛋白、肌动蛋白和肌红蛋白等含量都有所增加。肌球蛋白、肌动蛋白是肌肉收缩的基本物质，这些物质的增多能提高肌肉收缩的能力。体育锻炼能使三磷酸腺苷分解酶的活性增强，使磷酸的分解速度加快，从而促进肌肉能量的供给。肌红蛋白具有与氧结合的功能，肌红蛋白含量增加，则肌肉内的氧储备量也增加，这有利于肌肉三在供氧不足的情况下继续工作。

（3）体育锻炼能使肌肉中线粒体数量增多，体积增大，毛细血管开放数量增多，有助于肌肉耐力的增强。线粒体的大小和数量成倍增加，毛细血管大量开放，能使肌肉得到更多的能量供应（安静时肌肉每平方毫米开放的毛细血管有80 条左右，剧烈运动时可增加到 2000 ～ 3000 条）。长期坚持体育锻炼，可使肌肉的毛细血管的形态结构发生变化，从而给生理健康带来益处。

（二）体育锻炼对呼吸系统的影响

体育锻炼能提高呼吸系统的机能，其主要表现为体育锻炼可使呼吸肌发达，收缩力增强，最大通气量变大，肺活量增大，呼吸加强。安静时，一般人呼吸浅而快，男子每分钟为 16 ～ 20 次，女子要比男子快 1 ～ 2 次；而经常锻炼者呼吸深而缓，每分钟 8 ～ 12 次。一般成人肺活量为 2500 ～ 4000 毫升，而经常锻炼者的肺活量可达 4500 ～ 6500 毫升。

此外，长期坚持锻炼可使学生的缺氧耐受力增强，对氧的吸收利用率增高，使机体调节呼吸节奏的能力增强。

（三）体育锻炼对消化系统的影响

体育锻炼对消化器官机能有良好的作用。它能使胃肠的蠕动加强，消化液的分泌增多，因而使机体消化和吸收的能力增强，从而增强食欲。但是，饭后立即进行比较剧烈的运动或在比较剧烈的运动后立即进食，都对消化系统有不良影响。因为在剧烈运动时，大脑皮层运动中枢兴奋占优势，以致减弱和抑制了其他部位的活动，使消化中枢处于抑制状态，因而减弱了胃肠的蠕动，并减少了消化液的分泌。

（四）体育锻炼对中枢神经系统的影响

体育锻炼可以改善和提高中枢神经系统的工作能力，使中枢神经及其主导的部分大脑皮质兴奋增强，抑制加深，使得兴奋和抑制更加集中，从而改善神经系统的均衡性和灵活性，提高大脑的分析综合能力，增强机体适应变化的能力和工作的能力。经常从事体育锻炼的学生和运动员灵活性高、反应速度快。

第二节　高职学生的心理特征分析

一、高职学生的心理特点

（一）智力水平迅速提高

高职学生的智力发展日趋成熟，其观察力、记忆力、想象力和思维能力迅速接近并达到成人水平。感知能力更富有目的性、系统性、深刻性和全面性；记忆力的发展开始进入鼎盛时期，意义记忆快速发展并居主要地位；想象的目的性、有意性发展突出，能够围绕现实问题进行思考；思维方式显著变化，辩证逻辑思维占优势，能运用科学要领对某些事物和现象进行抽象性和理论性思维；思维的独立性和批判性明显增强，喜欢独立地提出问题和寻找解决问题的办法，对事物的认识开始有自己的独立见解，开始用怀疑和批判的眼光看待周围的事物，喜欢争议、辩驳和提出一些新奇的想法。

虽然这一时期的智力水平提高较快，但由于个人阅历比较浅，知识经验不足，辨别能力尚不够强，思维的独立性和批判性不够完善，因而，容易产生一定的片面性和表面性，缺乏深思熟虑，过分自信，固执己见，易走极端。

（二）情感丰富而强烈

高职学生的生活和学习活动范围日益扩大，处在体力和精力旺盛的时期。因此，他们的情感丰富多彩，又带有强烈而瞬息万变的色彩。情感的体验以肯定、乐观与振奋为主要特征。学生的爱国主义、集体主义、责任感、义务感、友谊感和荣誉感等情感均有较高的发展。高职学生对美的体验表现得更为复杂而深刻，爱憎分明，情绪的两极化比较突出，极易出现高度的兴奋、激动、热情，或是极端的愤怒、泄气、绝望，既有活泼、愉快、奋发向上等积极倾向，又有低沉、悲观、颓废等消极倾向。

由于高职学生和社会生活的接触日益增多，各种社会行为规范使他们逐渐具有了调节和节制自己情绪的能力，因而他们的情感又往往表现出内隐性和闭锁性，或将自己的真实情感隐蔽起来，表露出一种与内心体验并非一致的情绪状态；或有选择地暴露给不同的对象，这对了解他们的真实思想带来了一定的困难。

（三）自我意识不断增强

自我意识是指人对于自身的认识。大学生的自我意识的特点是：① 自我认识和评价水平大为提高，表现在自我认识的自觉性和主动性较强，能根据周围的人对自己的各种态度来评价认识自己，也能将自己与别人进行对比来评价自己，自我评价的客观性有所提高；② 自我控制的愿望非常强烈，水平明显提高，有了明显的自觉性和主动性，并逐渐以社会标准、社会期望、社会条件为转移；③ 自尊心十分突出，表现为对真诚的赞扬和受到尊重的喜悦，批评常使自己感到内疚和羞愧，嘲笑更是使他们难以忍受；④ 独立意向十分强烈，要求自主和独立，要求摆脱对成人的依赖，当这种意向因某些原因受阻时，他们会产生不满、对立情绪或反抗行为；⑤ 自信心、好胜心增强，在接受新任务时表现为跃跃欲试，不甘人后。

二、高职学生体育运动的心理学基础

身体健康不仅包括生理健康，还包括心理健康及社会适应能力等方面。同样，体育锻炼不仅要遵从基本的生理活动规律，还要遵从基本的心理活动规律。体育锻炼动机的建立与培养是体育锻炼的核心内容。

（一）体育锻炼与心理健康

1. 健康的概念

健康是每个人都关心和渴望的。随着社会的发展、科技的进步、文化水平的提高，人们对健康的观念也在不断发展、深化。在现代社会生活中，什么是真正意义的健康呢？世界卫生组织（WHO）为健康所下的定义是：健康不仅是没有身体缺陷和疾病，还要有完整的生理、心理状态和社会适应能力。这一定义摒弃了"无病即健康"的生物学健康观。健康包括躯体健康、心理健康和社会适应。一个人只有在身体上和心理上保持健康的状态，并具有良好的社会适应能力，才是真正的健康。

2. 体育锻炼与心理健康

心理健康是健康的标志之一，但目前国内外学者对其定义和标准尚未形成统一的认识。一般认为，心理健康是指个人在社会生活适应上所表现出的和谐状态，这一状态包括不具有心理疾病的异常表现，心理活动和行为表现为所在社会所接受和处在统计学上的中间大多数范围等三个条件。

体育锻炼可以促进生长发育，有利于增强体质，增进身体健康，这是被全社会所公认的，并得到了社会应有的重视。但体育锻炼对心理健康的意义，以及体育的心理效应并没有得到应有的重视。现就适宜的体育锻炼对心理健康的积极影响介绍如下。

（二）体育锻炼的动机

1. 体育锻炼动机的概念

体育锻炼动机是促使一个人参与体育活动的心理动因或内部动力，它引起并维持人的活动并将活动导向一定的目标。动机是个体的内在过程，它的作用有：引起和发动个体活动；指引个体选择活动的方向；调节功能，即维持、加强或制止、减弱某一活动。

2. 体育锻炼动机的产生

引起动机的条件有两个：一是内在需要，二是外部诱因。人们参与体育活动的内在需要，主要包括生理、心理和社会三个方面。

（1）生理方面的需要

参加体育活动是出于保持身体健康，增强体质，提高力量、速度、耐力素质，解除脑疲劳，保持和促进良好睡眠的需要。

（2）心理方面的需要

参加体育活动是为了调节和控制情绪，保持良好的精神状态，加强注意力，锻炼意志力，培养开朗的性格，养成文明健康的生活习惯等。

（3）社会方面的需要

参加体育活动是为了扩大社交范围，结交更多的朋友，增强集体凝聚力，提高竞争能力和社会适应能力。

外部诱因是指能激起人们参与体育活动的外部原因，它是引起体育活动，满足个体需要的外在刺激。这些刺激包括物质因素、精神因素，统称为环境因素。环境因素有很多，如优良的体育设施器材，在学校中教师的表扬或批评，同伴之间的情绪感染，考试分数，竞赛的奖励（包括精神的、物质的）等。

产生体育活动动机可能由内在需要诱发，也可能由外部环境因素引起，多数情况下是由内在条件和外在条件相互影响、交互作用而产生的。人出生后就有身体活动的需要，随着年龄的增长，在学校教育的影响下，儿童、少年有了对某项体育活动的兴趣、特长，这时主要是强烈的需要而产生动机，为了满足需要，他们积极创造条件参与体育活动。但也不宜忽视环境因素，如教师的优美示范、学校的传统优势项目、学校的运动竞赛等都可能诱发个体已有的需要而产生体育活动动机，引发外显行为。由此可见，形成体育活动动机，产生外显行为，体育活动需要是根本条件，外部环境因素是必备条件，只有二者相互作用，共同影响，才能激发积极的体育行为。

（三）体育锻炼动机的培养

1. 树立正确的价值观

价值观是一个人对周围客观事物的评价和态度体系，决定着一个人对该事物的态度和行为。对学生进行体育锻炼价值观的教育，使之树立正确的价值观是十分重要的。要使学生了解精力充沛的身体是为祖国作贡献的物质基础，了解体育锻炼可以增强体质，认识到体育锻炼对学生全面发展的意义，提高其对体育的认识水平。

2. 目标设置

在教学训练的过程中，为练习者确定一定的目标，如跑、游泳的距离，体操动作的次数和质量等。当这种目标转化为练习者的内心需要时，就会使练习经常处于自己的意识控制之下，提高努力程度和动机水平，调动其积极性。

3. 积极反馈

反馈是通过对技能操作或学习结果的评定及自我知觉使学生了解自己的学习情况，对以后的行为进行调节的过程。在技能练习过程中，无论是反馈正确的动作信息还是错误的动作信息，都有利于练习者坚持目标或修正目标。反馈是最有益的动态调节信息，十分有利于激发学生坚持向着目标努力的欲望，使已有动机得到强化。

4. 情境创设

情境具有诱发动机的功能。学生在体育教师设计的情境中进行学习或锻炼，由于情境的不同，效果会有很大差异。例如，同一教材内容老师组织教法丰富多变、新颖，学生就会觉得有趣，愿意学；反之，学生就可能兴趣索然，不愿意学。所以教师应创造问题情境，引起学生的期待心理，满足其好奇心，就可诱发其学习和锻炼的内驱力。

三、高职学生体育锻炼对心理特征的影响

对众多高职学生来讲，保持积极的情绪状态，正确对待生活中不可避免的困难和挫折，充分发挥自己的潜能，对其一生来说是十分重要的。但如何保持良好的心理健康状态呢？对待这个问题，可以有诸多的应对措施，例如，主动参与社会交往、建立良好的人际关系、增进自我了解、正确地评价自己、培养健全的人格等。其中，参加体育活动能调节个体的情绪状态，是促进心理健康发展的重要手段之一。体育锻炼对心理健康的作用主要有以下几个方面。

（一）调节情绪

情绪是人对客观事物是否符合自己需要而产生的态度体验，是心理健康最主要的指标。大学生常因学习的压力、同学之间的竞争、人际关系的复杂以及对未来前程的担心而持续产生紧张、焦虑、压抑和不安等情绪。通过体育锻炼则可以转移个体不愉快的意识、情绪和行为，使人从烦恼和痛苦中摆脱出来。

（二）有助于形成和谐的人际关系

现代社会生活节奏的加快使人们越来越趋向封闭的状态，从而产生人与人之间感情交流缺乏、人际关系疏远的现象。体育活动则打破了这种封闭状态，让不同职业、年龄、性别、文化素质的人相聚在运动场上，增加了互动的机会，使平等、友好、和谐的交往成为可能，人们互相之间产生信任感，能有效进行情感和信息的交流，互相之间产生一种默契和交融。研究表明，增加与社会的联系，会给个体带来心理上的益处。美国有一项研究显示：25%的女性和18%的男性认为，与同伴一起练习是坚持体育锻炼的重要原因之一。由此可见，人们可通过体

育活动来认识更多的朋友，并且与之和睦相处、友爱互助，这种良好的人际关系将令人心情舒畅、精神振奋。

（三）有助于确立良好的自我概念

自我概念是个体主观上对自己的身体、思想和感情的整体评价，是出许许多多的自我认识组成的。自我概念与身体表象（指头脑中形成的身体图像）和身体自尊（个体对自己运动能力及身体外貌、身体抵抗力和健康状况的评价）有关。无论男性还是女性，对身体表象的不满意都会使个体自尊降低，并产生不安全感和抑郁症状。研究表明，肌肉力量与身体自尊、情绪稳定、外向性格、自信心呈正相关，并且加强力量训练会使个体的自我概念显著增强。坚持体育锻炼可使人体格强壮、精力充沛，有效地改善人的身体表象和身体自尊，有助于人们确立良好的自我概念。

（四）有助于形成良好的意志品质

意志品质是指一个人的自觉性、果断性、坚韧性和自制力以及勇敢顽强和独立自主的精神，是一个人行为特点稳定因素的总和。意志品质需要在克服困难的实践过程中培养。体育活动本身就要不断克服客观困难（气候条件的变化、动作的难度或外部障碍等）和主观困难（如胆怯和畏惧心理、疲劳和运动损伤等），从而取得成功。体育活动参与者努力克服主、客观方面的困难，获得意志锻炼的直接经验，可培养自身良好的意志品质。任务越困难，对个体意志锻炼的作用就越大。良好的意志品质对于人的活动（尤其是体育活动）效果具有重要的意义。

（五）预防和治疗各种心理疾病

社会竞争的日趋激烈和生活压力的加大可能会使许多人产生悲观、失望的情绪，进而导致忧郁、孤独、焦虑等各种心理障碍的产生。一个人参加某个运动项目并坚持锻炼，他的生理机能、身体素质将会得到改善，并能掌握和发展一些运动技能和技巧。由此，个体会以自我的反馈方式将成就信息传递至大脑，从而获得自我成就的认知和情感体验，产生愉快、振奋的情绪和幸福感。因此，适宜的体育锻炼能使有心理障碍的个体获得心理满足感，产生积极的成就感，从而增强自信心，摆脱压抑、悲观等消极情绪，并消除心理障碍。体育活动是预防和治疗各种心理疾病的有效手段。它已得到世界上心理学者的公认与运用。体育活动对神经衰弱、忧郁症、恐惧症等多种神经官能症和心身疾病都有治疗作用。心理学者迪什曼曾统计了1750名医生的材料，发现体育活动（如慢跑、游泳、骑自行车、力量训练和快走等）对忧郁症的疗效达80%，对焦虑症的疗效达60%，对化学药品依赖者的疗效达43%。

人的缓冲能力，在进行剧烈的肌肉活动时，虽有大量的酸性代谢产物进入血液，血液也能在较长时间内保持正常，但不会因酸性产物过多而对各器官组织造成不良影响。

第三节　高职学生的体能与职业体能要求

高职院校专业性较强，实际操作较多，各专业特点迥异。因此，在实施体育教育过程中要具有职业岗位的针对性，结合生产实践的不同职业特点，有所侧重地进行教学和训练活动。高职学生毕业后的工作大体分为以下类别：计算机、通信、电子工程类；汽车、机械类；航运、船舶、水利和港口管理类；车工、铣工、切削工、钻工、焊工类；木工、瓦工、粉刷、印刷、油漆工类；食品、酒店餐饮、物管类；旅游、环艺、广告和服装设计类；金融、税务、电算会计类；商场、物业管理、城市园林类和医务护理类等。这些职业不仅对高职学生的体能，而且对职业体能要求更高。

一、体能概述

（一）体能的概念

体能，又称体适能，指人体适应生活、运动与环境（如温度、气候变化或病毒等因素）的综合能力，是机体有效与高效执行自身机能的能力，适应环境（自然环境和心理环境）的能力，是对身体健康的综合反映。体能主要包括三个方面：身体机能、身体素质和基础代谢。

世界卫生组织（WHO）对体适能的定义为：在应付日常工作之余，身体不会感到过度疲倦，还有余力去享受休闲及应付突发事件的能力。

美国总统体育与竞技委员会于 1971 年定义体适能为："以旺盛的精力完成日常工作而没有过度的疲劳，有充足的活力去享受闲暇时间的各种休闲活动，并能适应各种突发情况。"日本以"体力"表述"体适能"，认为"体力"是人体和精神的能力，是人类生存和活动的基础。体力不仅表现在运动能力和工作能力上，也表现在对疾病的抵抗力和环境的适应能力上。

（二）体能的分类

美国运动医学会认为，体适能由健康体适能和技能体适能组成。健康体适能是与健康密切相关的体适能，是指心肺耐力（心血管适能）、柔韧性、肌肉力量和肌肉耐力（肌肉适能），以及身体成分；技能体适能是与动作技能有关的体适能，包括灵敏性、平衡感、协调性、速度、肌肉爆发力和反应时间等因素。

1. 健康体适能

（1）心血管适能

心血管适能是指身体摄取氧和利用氧的能力。通常心血管适能与有氧工作能力是同一意义。心肺适能越强，完成学习、工作的能力越强，走、跑、跳及劳动时就会越轻松，且对较为激烈的运动能够逐步适应。

（2）肌肉适能

肌肉适能包括肌肉力量与肌肉耐力。肌肉力量是竭尽全力从事抵抗阻力的活动能力。肌肉强壮有助于预防关节的扭伤、肌肉的疼痛和身体的疲劳。肌肉耐力是肌肉承受某种适当负荷时运动的重复次数的多少，持续运动时间的长短的能力。肌肉适能的重要性在于，避免肌肉萎缩、松弛，缓解腰酸背疼，维持较匀称的身材，有利于防止身体疲劳，减少运动伤害发生，提高身体活动能力，提高生活质量；同时还能提升自信心，并增强完成日常工作的能力。

（3）柔韧性

柔韧性是指用力做动作时扩大动作幅度的能力，包括身体各个关节的活动幅度以及跨过关节的肌肉、肌腱、韧带、皮肤和其他组织的弹性和伸展能力。

柔韧性对于提高身体活动水平，维持正确的体姿，减少运动器官损伤，改善动作效果都有重要意义。

（4）身体成分

身体成分指组成人体各组织器官的总成分。总重量为体重，含脂肪成分和非脂肪成分。体适能与体内脂肪比例的关系最为密切。脂肪过多，心肺功能的负担就越重。要维持适宜的体内脂肪，就必须注意能量的吸收与消耗的平衡。

人的体脂肪重量占体重的百分比称体脂百分比，余下的包括骨骼、水分和肌肉等，称为去脂体重。体适能的强弱与合理地控制体重和体脂百分比关系密切。体重得当，身体成分适宜是健康的标志。肥胖给健康带来威胁；体重过轻也不利于健康，对脑力、体力均有负面影响，会出现体质虚弱、骨密质较差等现象。

2. 技能体适能

灵敏性：指身体或身体某部位迅速移动，并快速改变方向的能力。

平衡感：指人体在静立或运动时能够维持身体稳定性的能力。

协调性：指肌肉系统表现得正确、和谐优雅的活动动作。这主要反映一个人的视觉、听觉和平衡感觉与熟练的动作技能相结合的能力。

速度：指人体进行快速移动的能力或最短时间完成某种运动的能力。

肌肉爆发力：指肌肉在最短时间收缩时所产生的最大张力，通常用肌肉单位时间的做功量来表示。

反应时间：指对某些外部刺激做出生理反应的时间。体适能较好的人，动作协调、轻巧、灵活和敏捷，在活动中动作准确，变换迅速。

二、职业体能与高职学生专业分类

（一）职业体能的概念

职业体能是人体适应职业工作、生活与工作环境的综合能力，是机体有效执行职业工作所具备的职业体能、职业特殊身体素质、适应工作环境以及防治职业病发生等的能力，是健康体适能的具体体现。职业体能是与职业（劳动）有关的身体素质，是经过特定的工作能力分析后所需要具备的身体活动能力和适应能力，包括重复性操作能力、背脊承载静力性耐力的能力、其他肌肉能达到维持工作姿势要求的能力，以及人体对于湿热工作环境等自然环境的忍耐程度和对社会环境的适应等能力。

职业体能应包括一般职业体能和特殊职业体能两个方面。一般职业体能主要是指人体能满足执行日常职业工作而没有感到疲劳，并留有充足的体力去享受闲暇时间的各种休闲活动的能力，包括心血管适能、肌肉适能、柔韧性、身体成分和身体协调性等。特殊职业体能主要指人体能适应职业工作环境和特殊工作方式等能力，包括人际交往能力、竞争能力和协作能力等。当然，不同的职业岗位对体能的要求各有侧重。

（二）发展职业体能的意义

在现代社会中，人们身体活动的机会越来越少，营养摄取越来越多，工作与生活压力和休闲时间相对增加，每个人更加感受到良好体适能的重要性。职业体能较好的人在日常生活或工作中，不管从事体力性、脑力性活动或运动皆有较佳的活力及适应能力，而不会轻易产生疲劳或力不从心的感觉。

1. 有效提高工作效率

工作时的精神专注程度和效率，皆与职业体能有关，尤其是心血管适能。一般而言，有氧适能较好的人，其脑部获取氧的能力较佳，工作的持久性和注意力也会更佳。

2. 有助于降低发生健康问题的危险性

职业体能好的人精力充沛，身体经常处在康宁状态并能与人融洽相处，确保以其最佳的心境与和谐的人际关系去完成工作和获得尽情享受生活乐趣的感觉。遇到紧急情况，他们反应力敏捷，有理智，能快速应变危急状况而远离危险。

3. 使人善于接受压力和挑战，具有创新精神

职业体能较好的人一般拥有匀称的体型、良好的体姿和健美的体态，拥有比实际年龄小的生理年龄，使他们更有自信，更勇于接受挑战与压力。

4. 增强职业人的环境适应能力

职业体能较好的人对严寒、酷暑、风雨等自然环境的变化具有较强的适应能力，对工作和生活乐观积极，善于沟通，能有效地改善精神紧张、焦虑和抑郁等身心疾病，对社会环境的各种变化充满自信。

三、足球运动的特点

1. 整体性。足球比赛每队由 11 人上场参赛。场上的 11 人思想统一、行动一致、攻则全动、守则全防、整体参战的意识要强。只有形成整体的攻守，才能取得比赛的主动权及良好的比赛结果。

2. 对抗性。足球运动是一项竞争激烈的对抗性项目，比赛中双方为争夺控制权，达到将球攻进对方球门而又不让球进入本方球门的目的，展开短兵相接的争斗。尤其是在两个罚球区附近时间、空间的争夺更是异常凶猛，扣人心弦。据资料显示，一场高水平的比赛，双方争夺和冲撞倒地次数多达 200 次以上。

3. 多变性。足球运动是一项技术上多姿多彩、战术上变幻莫测，胜负结局难

以预测的非周期性运动项目，比赛中运用技战术时会受到对方直接的干扰限制和抵抗。

四、足球运动对高职院校学生体能的影响

（一）力　量

身体素质包括很多内容，但是力量素质却是其基础素质，所以高职院校的足球教师在进行教学时，首先应该侧重于对学生进行力量素质的训练，只有拥有足够的力量，才能够在足球比赛中，具有足够的爆发力以及持久力。首先，足球教师应该训练学生如何在比赛中克服自身的体重，同时还能够抵抗球阻力以及每个人之间的冲撞。其次，足球教师应传授其基本的足球动作要领，如跑、跳以及转身等基本动作。此外，学生还需要学会传、接以及射门等动作，这些动作看似比较简单，但是如果学生没有足够的力量素质，这一系列动作难以完成。同时，在足球运动中，有很多爆发性动作，一旦动作迟缓，或许足球就会被对手夺去，为此力量素质对于培养学生身体素质异常重要。单纯地从足球这一角度来说，力量素质发最体现出的最显著的特点就是爆发力，为此，高职院校足球教师应该着重训练学生的肌肉活动，这种训练最好应该按照非周期性规律也进行。

（二）速　度

速度是足球运行不可缺少的一种素质。学生的速度越快，其进行足球比赛也就越有优势，就某一种程度上来说，速度的快慢对比赛结果至关重要。为此，足球教师也需要着重对学生进行速度的训练，以使得学生在进行足球比赛时，无论是在时间还是空间上都占据着一定的优势。因为在比赛期间，双方互相争取主动时学生还没有完全地调整好自己就需要进行比赛，或进攻，或反攻，这些都只是一瞬间所作出的判断，所以需要学生应该具备快速反应能力，这是速度素质训练一个非常重要的内容。除此之外，足球教师还应该教授位移速度以及动作素质等

内容，应该依据现实情况，来教授学生来判断足球的方向，作出判断之后，学生应该迅速地作出位移反应。另外，学生在跑动的过程中，需要完成各种动作以配合队员完成进攻任务，这都需要学生具备一定的速度素质。高职院校的足球教师应该从上述方面来进行教学，以此来提高学生的身体素质中的素质素质。

（三）灵　敏

足球比赛现场突发性状况比较多，需要学生能够随机应变，做到既要有速度，又要准确。在足球比赛中，要求学生具备灵敏素质是减少伤害的重要因素。可以说，灵敏素质是每个足球运动员都应该具备的一种素质，这种素质也能够反映出学生的综合素质，其最重要的要求就是学生须具有精准的判断能力，能够预制足球的走向，做好防守以及进攻。为此，高职足球教师在日常的教学中，应该做一些训练学生灵敏度的足球游戏，同时还应该将所有的足球技术要领告知学生，使学生技术要领掌握得更加成熟，其灵敏度也就越高。另外，教师应该经常组织比赛，在比赛中发现问题，掌握技巧，这对提高学生的灵敏性也十分重要。

（四）柔　韧

足球运动需要学生身体具有一定的柔韧性，以免在教学期间，学生的韧带或者肌肉受伤。为此，柔韧素质也是足球教师必须对学生所进行的一种训练。就足球运动来说，因为学生的身体长时间处于不正常的运动状态中，而且运动的幅度比较大，需要快速移动，并且运动时用力突然，所以学生必须具有一定的柔韧素质，否则极其容易受伤。基于此，足球教师应该注重对学生的韧带以及各个关节进行训练，以此来提高韧带的伸展能力，同时加强各种关节的训练，如腰关节、踝关节等。在训练的过程中，要逐渐地增加训练的幅度，以此来提高关节的活动范围。

（五）耐　力

一场足球比赛需要持续比较长的时间，而且在比赛期间，需要学生来回地跑动。因此，学生不仅需要爆发力，更重要的是具有耐力，否则中场就要退场。这对比赛来说十分不利，因为人员的调换，也会影响到场上人员的情绪。在 90 分钟内甚至 120 分钟内，运动员如果没有良好的耐力就会导致其体力、脑力、感觉、情绪等方面身体机能的下降，错误动作增多，从而不能充分发挥技战术水平，所以培养学生耐力素质十分重要。

第四节　高职学生的足球兴趣培养

一、足球兴趣的概念

（一）直接足球兴趣

在欣赏足球比赛时，学生会感受到足球运动的热血激情，体会到在足球赛场拼搏向上，积极进取的体育精神。而足球明星的效应是巨大的，他们是偶像，是足球赛场上的英雄，学生会把足球明星当作自己的偶像，向他们学习，激发参与足球运动的热情，产生对足球运动的浓厚兴趣。

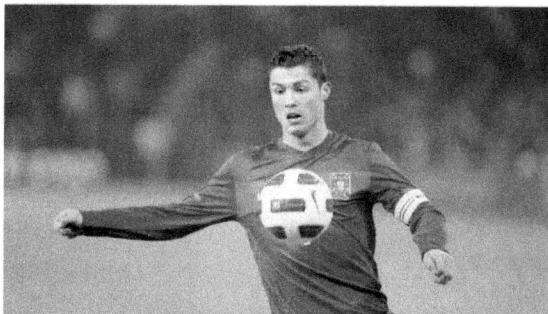

（二）间接足球兴趣

间接足球兴趣是学生力求认识和从事足球活动的心理倾向，具有积极的情绪色彩，是参与足球运动的基本动力。通过参与足球运动，学生对足球运动，对自身身体素质有了一定的认识。对于比赛充满信心。对于比赛结果充满期待，从而产生参与足球运动的兴趣。

二、高职学生足球兴趣培养存在的问题

（一）教学内容单一

在高职体育教学的过程中，许多体育教师在足球课程中教学内容陈旧、单一，严重影响着学生的个性发展。目前，我国训练的理论的研究仍然集中在技战术、体能训练等方面，对于学生训练理论的研究很少。高职院校足球体育教师只是简单地将成人化的技战术训练介绍给学生，单个技术动作重复练习，无对抗、无训练激情的各种体能及技战术练习方法，无球、无明确目的的一般身体练习等不符合现代足球运动规律的做法仍然存在。要想全面激发学生的足球兴趣，高职体育教师要不断地创新教学方式，用新颖的训练进行体育教学活动，丰富教学内容，完善教学、训练知识，充分发挥潜能。

（二）教学方法不够新颖

高职学生在这一年龄段精力旺盛，活泼好动。追求新颖。因此，教学应该根据学生的特点来进行。目前，高职体育教师存在着这一问题，只是简单地根据教材来教学，没有创新方式方法，不利于对学生进行足球兴趣的培养。成人的训练方法被挪到了校园足球训练中，方法不合适，会造成对学生身体与身心的损害。德国足球协会制定的《青少年足球训练指导纲要》中明确提出了青少年足球训练的基本理念：要让青少年在足球训练中享受足球的快乐。而我国校园足球教学方法的陈旧，制约了校园足球的发展和学生对足球兴趣的养成，这是高职院校足球兴趣培养普遍存在的问题。

三、培养足球兴趣的必要性

兴趣在少儿足球教学中的作用是十分重要的，它是学生获得足球知识、技能、技术，积极参与足球活动，逐步养成身体锻炼的习惯，开阔眼界、丰富心理生活的重要推动力，是学生主动学习的心理前提。它在少儿足球教学中的作用主要表现在以下几个方面。

（一）有利于增强学生体质，提高教学质量

从生理学的角度来看，当学生参加有较高兴趣的运动项目时，人体植物性神经系统的交感神经兴奋，造成肾上腺素分泌增加，心跳加快，使得体内血糖上升，肌力增加，表现为体力充沛，精力旺盛。相反，当学生被迫参加一些没有兴趣的体育活动时，植物性神经系统的副交感神经兴奋，使得肾上腺素分泌减少，心跳减慢，体内血糖下降，肌力减退，显得疲劳，精神不振（此时很容易造成伤害事故）。另外，学生的练习兴趣对于教师课堂上的组织教学也是必不可少的重要条件，足球教学过程中，课堂气氛活跃，学生的兴趣十足，情绪高涨，对于保证和提高教学质量具有重要的意义。

（二）有利于运动技能的掌握

当学生对某一运动项目产生兴趣，而且这种兴趣愈浓，大脑神经细胞活动机能的兴奋性就愈大，在大脑皮层上建立起来的联系痕迹愈深刻，学习动作也就愈牢固。同时，由于大脑皮层兴奋性的提高，通过交感神经的营养性作用及肾上腺素的作用，能够改善肌肉内的物质代谢过程及提高心肺等器官功能，把人体潜力大大的调动起来，这对于学习足球技术、掌握足球运动技能是有显著作用的。

（三）有利于学生积极性的提高

在足球教学中，学生对于学习有兴趣的活动或无兴趣的活动所产生的结果是不同的。对于学习感兴趣的运动，学生可以持久地集中注意力，学习时积极主动，即使碰到困难，也会积极、努力尝试去克服，产生愉快的情绪，从而完成任务。而对于没有兴趣的活动，学生则会情绪低落，感到厌倦甚至逃避。

（四）有利于能力的发展

能力的发展与兴趣和爱好有着密切的关系。足球教学及运动过程，为广大学生专项能力的提高提供了一个平台，使学生对足球项目具有强烈而稳定的兴趣和爱好，这常常与该活动有关的能力发展水平相关。兴趣和爱好能促使人们去积极从事活动，活动又促进能力的进一步发展。

四、影响足球兴趣的因素

（一）教练员整体水平不高，教练员队伍建设滞后

在足球发达国家，教练员大多是退役的职业球员，自身技术水平过硬。在当教练员之前，他们需经过教练员培训班的培训，取得教练员合格证后才能上岗，整套流程非常科学。因此，发达国家的青少年教练员水平，无论是实践水平，还是理论水平都是相当过硬的，这为孩子们高质量的学习提供了最重要的基础。而我国拥有职业运动员经历的教练员严重不足，而从事青少年训练有职业经历的教练员就更加凤毛麟角。而我国职业运动员数量原本就较少，再加上青少年训练教练员待遇偏低，因此，很多退役运动员都不会选择青少年教练员这一岗位。在我国足球热的阶段，很多足球学校聘请的教练员不但没有职业经历，甚至没有从事过职业训练，只是会一点基本的足球技术，便教孩子们进行训练，这些足球学校以盈利为目的，因此他们有些时候甚至对学生及家长采取欺骗、蒙混过关的手

段，极其不负责任。因此，我们应加强教练员在足球理念、训练理论、青少年运动员竞技发展规律等方面的学习，不断提高教练员业务水平；同时在教练员队伍的管理上建立和健全教练员培养、评估与奖罚机制，使教练员培养和使用上岗走向良性发展的轨道。

（二）学生及家长对足球运动缺乏正确认识，训练动机不对

在中国，家长都有望子成龙的观念，因此，很多家长渴望孩子能够成功。在中国足球职业化初期，足球运动员收入极高，大大超出了其他体育项目运动员，甚至是普通工薪阶层的上百倍。因此，很多家长认为足球是可以让他们暴富的途径，于是他们将孩子送到足球学校等进行足球训练。同时，他们对足球缺乏科学的认识，误以为足球是很容易成才的，学生只要从小学习就能成功。在这种思维灌输下，很多孩子本身可能对足球运动不感兴趣，只是被家长强硬拉进来接受足球训练。而足球运动自身的规律告诉我们，兴趣是基础，只有对足球感兴趣，才能高效地进步和提高，才能钻研这样运动。同时，运动的规律告诉我们，运动员成才是金字塔结构，真正成为职业球员的人数是比较少的，只有厚实的塔底，才会有尖锐的顶角。

（三）对青少年足球运动缺乏战略性认识

世界各足球强国对青少年足球运动的发展予以了高度重视。足球发达国家清醒地认识到青少年足球水平的提高和稳定是国家队水平长久不衰的重要基础。因此，这些国家的青少年队足球风格往往与成人队风格类似。大量高水平足球后备人才的不断涌现是足球整体水平进一步发展和提高的关键。我国在以往的过程中对青少年往往缺乏整体、长远的规划，足球管理部门和管理者更加注重成年队的比赛成绩，而忽略了青少年的成长计划。我们认为很多足球管理人员存在功利思想，他们看重成年队成绩是为自己赚取功绩，好有利于自己仕途的发展。早期我国青少年足球虽然取得了一些成绩，但并没有引起人们的足够重视。长此以往，对青少年足球的忽略，会对孩子们的好奇心、进取心、兴趣和向往带来沉重的打击。

（四）分数至上的应试教育体制下，社会对体育的忽略

学生们在特定的年龄段是需要玩耍、需要欢闹的，而体育课堂恰恰是培养学生们体育运动兴趣的最佳平台。但很多时候，体育课堂需要给理论考试的学科让步，甚至被占用，剥夺了学生们体育运动的权利。同时，很多家长对学生的溺爱心理，也使学生参与体育运动的时间越来越少。家长怕学生在运动中摔坏、摔破，甚至有些家长不忍心学生们训练太辛苦。其实这种刻苦训练，恰恰能够培养学生们吃苦耐劳，勇敢顽强的精神和坚韧不拔的意志品质。

（五）足球训练代价昂贵

我国足球的管理体制和运行机制还没有适应现代职业足球的发展规律，培养途径不完善，代价昂贵。尤其是形成了市场调节机制后，我国的足球变成了富人运动。很多有天赋的青少年由于承担不起巨额的学费而失去了成为优秀运动员的机会，而很多进入梯队的运动员，又恰恰并非是同龄人中的佼佼者。这最终造成了足球学校和业余足球俱乐部急剧减少，加上足球学校和业余俱乐部学员的成材率较低。因此，足球人口逐步萎缩。

（六）功利主义思想作祟

训练、竞赛体系还没有摆脱注重比赛结果、注重比赛成绩而忽略比赛过程、忽略比赛作风和球员职业道德的恶性循环中，以至于很多人对我国足球的评价是野蛮人的运动。有些地方的队伍盲目地为了追求成绩甚至弄虚作假，虚报年龄。严重的急功近利思想导致青少年足球训练早期专业化、成人化，基础薄弱，技术落后。这违背了足球运动员成长的规律。

五、培养学生足球兴趣的方法

（一）体验成功

前苏联心理学家霍林斯基说："只有在学习获得成功而产生鼓舞的地方，才会出现学习兴趣。"在进行足球活动的过程中，每一次成功和胜利都会使学生深受鼓舞，产生积极的情绪体验，使其更关心体育活动，对更大成功和胜利产生信心和希望。所以，产生足球兴趣的前提条件是学生有获得成功、品尝胜利成果的喜悦。

（二）寓教于乐

人都有趋乐避苦的倾向，教师在教学中优美的示范动作、生动的语言和和蔼的态度，会使学生感到亲切、可敬，会驱除学生练习时的惧怕心理，教师的"乐教"就会转化为学生的"乐学"。

（三）体育教师提高自身的水平

在足球教学中，足球教师如果不能够娴熟地做出技术动作，讲解技术动作。会在很大程度上让学生失去学习足球的兴趣。相反，作为校园足球教师或教练员，有出色的足球运动水平，不断学习综合性知识，有助于学生更好地理解足球理念，提升技术水平。例如，学习好英语，学生可以更好地借鉴国外先进的教学理念；学好物理可以更好地完成弧线球的练习；学好数学可以更好地用数据分析足球场上的攻守得失。

（四）激发兴趣

学生体育兴趣的培养离不开教师的诱导，教师在教学训练中用各种方法持续"引趣"是学生形成体育兴趣的重要条件。例如，新颖教法"引趣"，生动形象语言的"引趣"，准确优美的示范动作"引趣"以及体育信息的"引趣"等，都能激发学生对足球的兴趣。

（五）让学生认识、爱上足球

校园足球的主要目的是通过足球游戏、比赛使学生更好地了解足球运动，爱上足球，逐渐培养对足球运动的兴趣，进而学习足球技战术。体育教师在教学过程中，应该更多依托教学资源，让学生认知足球，体会到足球运动真正的魅力。

（六）将游戏融入足球教学中

足球游戏是草根足球、校园足球项目推广中不可缺少的一部分，在足球教学中加入游戏环节能够有效地补充传统足球的教学训练方法，尤其为校园足球的推广普及提供了更具针对性的入门教学内容，更实际地促进了校园足球的发展。游戏融入到足球教学中，不是一味地教授学生基本技术动作。用游戏的方式让学生体会足球带来的快乐，在课程开始前以及进行时。都可以安排一些小游戏，提升学生的兴奋度，活跃气氛，调动学生的积极性。

（七）合理运用体育课

《中华人民共和国体育法》明确规定：学校必须开设体育课，体育课是考核学生成绩的必要科目。体育课的内容由理论和实践两部分组成。理论课主要给学生传授体育的科学知识，使学生掌握基本体育理论和实践方法，它主要以教师的专项理论传授为主；实践课以学生的身体练习为手段，发展和提高学生的身体素质与能力，学习运动的技术与技能，培养学生的锻炼习惯。体育课是我国高等学校教学计划的重要组成部分，是高校体育教育的中心环节，也是高校体育教育的最基本的组织形式，它通过分班教学为高校体育的目的和任务的圆满实现提供了具体途径。体育课是实践为主的课程，同时注重理论课与实践课相结合，在运用基本的教学方法和遵循基本的教学原则的同时，要根据体育课的特点、实际的教学条件组织好体育教学。教师的示范与学生练习以及练习情况的及时反馈是体育课的重要内容。体育课还要注重特殊群体学生的健康，对部分身体异常和病、残、弱等特殊群体的学生，开设以康复、保健为主的体育课程。在这种背景下，开展体育课，要把足球作为重要的体育锻炼内容进行，真正把足球活动融入体育课，会激发学生的足球兴趣。

（八）课外体育活动

课外体育活动是高校体育课的延续和补充。《学校体育工作条例》规定："普通高等学校除安排有体育课外，每天应当组织学生开展各种课外体育活动。"根据学校的实际情况和传统特点，因人、因时、因地制宜地开展多种形式的课外体育活动，对巩固和提高体育课的教学效果、增强大学生体质、提高文化学习效率、丰富校园生活、增强集体凝聚力、促进精神文明建设等方面都会起到良好的促进作用。学校在课外体育活动要安排学生进行足球运动，合理运用好课外运动的宝贵时间。学生在上课之外，仍然感受到足球带来的快乐，对于学生足球兴趣的培养有至关重要的作用。

（九）课后体育活动

课后体育活动是指学生利用课余时间进行的体育活动。在校学生的课后体育活动要保证每周不少于两次，活动方式可以是个体也可以是群体，内容大多是从事体育比赛活动、健身娱乐性活动和一般性身体锻炼活动。学校要创造充足的条件，为学生的课后体育活动提供保障。足球场地的开放，鼓励和支持课后体育活动能够提升学生参与足球的积极性。

（十）课余运动训练

1984年10月，国家教委颁发了《中共中央关于进一步发展体育运动的通知》，这使高等学校的课余训练走上了一个新的台阶。大学课余足球运动训练是利用课余时间，对部分身体素质较好并有某项运动专长的学生进行系统训练的一种专门教育过程。它是高校体育的一种主要组织形式，也是普及和提高相结合的重要措施。由于高校具有其他单位无法比拟的科研力量和优秀教师队伍，因此高校运动水平在近些年不断提高。学校足球运动水平的发展可以推动学校体育活动的开展，激发学生学习足球的兴趣。能够使学校更好地贯彻我国的教育方针。学校足球一方面肩负着提高运动技术水平、创造优异成绩、参与校际和国际交往、为校为国争光的光荣使命，另一方面又承担着指导普及、促进高校体育运动蓬勃开展的艰巨任务。

（十一）开展足球比赛

《学校体育工作条例》规定："学校体育竞赛应贯彻小型多样、单项分散、基层为主、勤俭节约的原则。每年至少举行一次以田径项目为主的全校性运动会。"各高职院校应该更多开展不同形式的足球比赛，包括七人制足球比赛以及五人制足球比赛。高校足球竞赛活动不仅可以检阅学校足球运动，而且通过体足球竞赛，可以吸引学生参与到足球活动中来，推动足球活动的开展。体育竞赛的竞争性和对抗性，培养了学生集体主义精神，锻炼了学生的意志品质，增强了学生的社会适应能力。体育竞赛能够展现一个学校的风采，提高学校的声誉，促进校际之间的交流，丰富学校的文化生活，形成良好的足球氛围。

（十二）开展足球体育节

体育节以其具有的时代特点和独特的表现形式，成为校园文化的重要组成部分。足球体育节一般是结合有意义的节日或重大国际、国内的体育活动，利用体育周或体育日形式，开展足球专题性的体育主题活动，进行体育教育和锻炼，如专题报告、讲座、足球知识竞赛、表演和比赛等。足球体育节活动能激发学生的足球兴趣，调动其参与体育锻炼的积极性，对增强学生的体育意识、提高体育素养、扩大知识面、培养能力等方面都有重要意义。

（十三）提高学生的创新能力

教育部《义务教育体育与健康课程标准（2011版）》提到，义务教育体育与健康课程遵照"健康第一"的指导思想，强调实践性特征，突出学生的学习主体地位，努力构建较为完整的课程目标体系和发展性的评价方式。高职院校在开展校园足球过程中，要充分提高学生创造能力，突出学生主体地位，尊重个性发展。一味强调以教师为中心的教学模式，过分注重模式化、程序化，不能够提高学生的主观能动性，对于足球兴趣的培养有负面作用。在教学过程中，要让学生发挥想象力、创新力。是足球游戏、比赛有不同形式突破，提升学生足球兴趣。

（十四）掌握学生心理，激发兴趣

掌握高职学生的心理特征对培养足球兴趣十分重要。高职学生作为当代大学生，心理变化十分复杂，思维能力迅速发展，有强烈的自尊心和自信心，有积极的心理，也有消极的心理，对于参与足球运动会产生影响。体育教师应掌握学生心理，在足球教学中根据学生心理状态合理展开教学内容。足球兴趣的培养不是一蹴而就的，需要逐渐形成，掌握学生心理特征，激发参与足球兴趣。

要令学生真正认识到足球运动的益处。如果想要让学生从内心接受足球运动，就要让学生真正理解足球运动。只有学生了解得更多，才能够对足球产生更大的兴趣。所以，老师不但要了解足球的技战术，还要将足球的文化进行传播。如此才可以不会出现说教式的教课方式，才可以让学生更深层次地了解足球运动，并且也能够让学生体会到老师深厚的足球知识，提升学生对老师的认同感，创建良好的师生关系，也为教学成果起到良好的促进作用。这就需要老师提升自身的足球文化知识，尽量多了解关于足球方面的文化与时事，这样才能够让课堂变得更加有趣，更加鲜明，也能够让学生急于到球场上进行体验。

良好地运用当前教学资源。由于科技的不断发展和多媒体计算机技术的不断深入，使得我们的工作与生活都有了较大的转变，同样也对教学方式带来了积极的影响。多媒体教学融合了图像、文字、声音、动画、影视等不同方面的信息，有着较强的表现力与真实感，能够较好地调动起学生的兴趣。从硬件方面来讲，很多类似投影仪、计算机的多媒体教学设施也都走进了各大高校的教室里，让老师在授课的同时更加便利。从软件上来讲，互联网上各类足球教学、比赛资源均非常丰富，老师能够透过教学内容、教学进度以及学生兴趣，找到符合彼此的展现方式。对于足球基础战术教学来讲，能够透过比赛视频里有关此项战术的相关视频集，让学生亲身体会到这个战术使用的环境与方法，透过足球比赛视频的观摩，让学生建立大局观的习惯。

积极运用足球游戏。随着电子产业的发展，足球相关的电子游戏更加模拟现实。老师可以通过融入适当的电子竞技游戏，让学生体会到大型足球赛的盛况，通过运球等动作让人置身其中，可以较大地激发出学生对足球运动的兴趣。对于足球教学来讲，如果将所有足球游戏融入进去，学生的练习过程也不会过于乏味，学生的兴趣可以获得较好的保护，这样就可以将被动学习转变为主动学习。应用包含了足球运动基本战术与技术的游戏，可以让学生在游戏里学会各类战术与技术，这样就能够在游戏中实现教学的目标。在准备足球课的过程里，应用足球游戏能够让学生在游戏里全身心地为课程的基础部分教学做好准备。在身体素质练习里融入足球游戏可以提高趣味性，激发学生练习的欲望。

有效使用分层教学法。通常高校的足球课使用的都是统一施教的讲课方法，这令足球教学存在较大的一个问题，使得学生学习的需求无法获得满足。处在相同的一所学校，学生都是通过高考的方式进入的，即便高考的分数相差不大，可是自身素质以及运动能力也都具有较大的区别。因为高考的压力过大，或者有的学生对足球毫无兴趣，平时的运动非常少，协调能力较差，就连基本的足球技术动作都无法完成。相同的技术动作，对于基础较好的学生而言就可以非常轻松地完成，这样在学生的心理上就会觉得毫无挑战性，从而丧失了对学习的动力。对于技术能力较差的学生，会觉得难度过大，无法完成。所以，在足球教学过程里，一定要通过分层教学法进行授课，通过性别、技术动作的掌握程度等进行分层，老师可以透过前几堂课的观察，真正了解并掌握每个学生实际的身体素质，通过学生对足球技能和身体素质的差异进行分层，区分出技术能力不同的几个层次，进行因材施教，将学生的潜能激发出来，调动起学生的学习兴趣，将足球教学效果实现最大化。

适时运用比赛教学法。透过教学可以发觉，学生不只是希望学习到足球的技能，而是更加希望能够融入到足球比赛当中，从而学习到足球比赛的基本规则和执法能力。通过比赛的方式来完善教学，让较多的学生融入到比赛当中，将比赛规则进一步简化，激发学生的积极性。因为足球比赛是一个处在长期跑动的状态，从中学生可以让身体得到有效的锻炼。对于教学比赛而言，需要学生将已学会的技术动作融入进去，一旦出现错误时，老师要及时给予纠正，在比赛的初级阶段，要将完成技术动作作为首要目标，而适当降低防守的要求。

在比赛过程里，学生已经掌握了比赛的规则，知道如何保护自己，提升了比赛的安全性，而且在比赛里还提升了比赛的心理适应能力，体现出身心都能够健康发展的意义。兴趣作为学习的原动力，对于高校足球教学来讲，培养学生对足球的兴趣，成了学生掌握足球战术和技能的重要原因。在足球教学过程中，老师要将语言生动化，动作优美化，透过不同的方式将学生内心的畏惧感进一步消除。在足球教学里使用游戏教学的方式，让足球课堂更加具有趣味性。使用分层教学法，通过因材施教的方式激发学生的潜能；使用比赛教学的方式，让学生在足球比赛的过程里体会到足球的乐趣，进而建立起学生对足球的兴趣，提高足球教学的成效。

第三章

高职校园足球实践

在高职体育教学中，足球教学起到了重要的作用，对于培养学生参与足球运动的积极性，提高校园足球运动水平有积极的推动作用。然而，许多院校在足球教学方面存在着诸多不足，教学形式过于呆板，教学方法陈旧，不能让学生在足球课堂上感受到足球的乐趣，反而使足球对学生的吸引力大打折扣。这就要求各高职院校在足球教学方面加大投入，加强师资力量，能够科学地设计足球教学方案，制订合理的教学计划，开展校园足球活动时，能站在学生的角度为学生考虑，从而真正激发学生参与足球运动的热情。

第一节　高职体育教育概述

一、高职体育教育的任务与功能

（一）高职体育教育的任务

1. 促进身心发展，增进体质健康

锻炼大学生的身体，增强大学生的体质，这是高职体育的首要任务。这项任务，也是由体育的特殊教育作用决定的，是大学教育其他方面所不能替代的。体质的强壮具有遗传性，但在后天的环境及一定的条件下，体质是可以改变的。例如，有计划地改变生活条件、加强身体锻炼，可以增强体质。大学生处于生长发育的高峰期，可塑性极大，科学合理地安排身体锻炼十分重要。

2. 增进知识，掌握终身受益的锻炼身体的方法

未来社会的发展，体育将更加广泛深入地走进每个人的生活，体育将成为提高和衡量未来生活质量标准的一部分。高职体育就是让学生掌握锻炼身体的方法。

3. 开展竞技项目，提高运动竞技水平

高等院校开展竞技项目，培养高水平的优秀体育人才，是当今体育教育形势发展的必然。当前，世界各国都把发展学校体育作为战略重点。小学是基础，中学是关键，大学出人才，这是一些体育发达国家的一条共同经验。实践已经证明，高等院校是培养优秀运动员的一个重要基地。

4. 通过体育教育，对大学生进行理想和职业道德教育

向大学生进行共产主义理想和共产主义道德的教育是高校体育教育的重要内容之一，体育有利于培养学生组织性、纪律性和集体主义等道德品质。教师针对大学生的种种表现及时对他们进行教育，可达到事半功倍的效果。

5. 培养良好身体素质，提升职业综合素质

大学生不仅应具备专业的知识、能力和技能，还应有良好的身体素质。无论哪一种职业，对从事者的身体素质都有一定的要求，不少职业对从业者身体素质的要求还比较高。所以，大学生应该始终养成良好的生活习惯，积极参加体育锻炼，自觉遵守作息时间，做好提高身体素质的准备，以迎接社会对自己的选择及职业的挑战。

（二）高职体育教育的功能

1. 健身功能

体育健身的理论基础是运动能促进人体的新陈代谢，加强同化和异化作用，增强人的生命力。合理的体育运动，能够促进人体神经系统的发育，提高其灵活性；能使心肌发达，搏动有力；能使肺功能提高，肺活量增大，呼吸深度加深；促使有机体良好地生长发育，提高运动器官的机能；使人心情舒畅，精神愉快，充满朝气与活力等。

高职体育通过学生直接参与运动，学生各器官系统在一定的强度和量的刺激下，发生了身体形态结构和生理机能的一系列适应性反应，从而提高了学生的身体健康水平和适应能力。体育运动的形式多样，可使人体进行全面的活动，因此对人体可产生较为全面的影响。

2. 教育功能

纵观人类历史，在社会发展的各个阶段，统治阶级均把体育纳入教育之中。各个历史时期的教育家都把体育作为培养后代的重要手段。马克思赋予体育以更高的地位与作用，指出："生产劳动同智育和体育相结合，不仅是提高社会生产的一种方法，而且是造就全面发展的人的唯一方法。"

高职体育是高职教育的一部分，是造就全面发展的人的一个重要手段。现代科学研究表明，体育运动与人的智力活动能够相互调剂，促进体力与智力的恢复。同时，体育运动也是个体智力发展的重要途径。体育运动能改善和提高中枢神经系统的工作能力，使人头脑清醒，思维敏捷。

3. 愉悦身心功能

现代社会充满了激烈的竞争，而高职学生是即将进入社会的一类群体，面对日益严峻的就业压力，如何采取适当的方式来缓解压力是高职学生应面对的问题。学生学习高职体育之后，将增强体育技能和欣赏能力。学生通过观看体育表演和参与体育竞赛，体会和谐的韵律、鲜明的节奏、巧妙的配合和完美的动作带来的美感和享受，感受激烈的情景、成功的轻松给他们带来紧张和欢愉，使得学生在紧张的学习之余有良好的娱乐方式，生活更加丰富多彩。

高职体育还可以调节人的心理，促进个体心理健康。从事运动能使人心情舒畅，精神愉快，调节人的某些不健康情绪和心理。美国一位心理学家德里斯发现，跑步能成功地减轻大学生在考试期间的忧虑情绪。人们还发现，有紧张烦躁情绪的人，只要散步15分钟后，紧张情绪就会松弛下来。现代运动心理学的研究表明，焦虑和紧张的心理状态会随着身体运动的加强而逐渐降低其程度；激烈的情绪状态往往会在体能的消耗中逐渐减弱其强度，最后平静下来。

大学生在闲暇时间积极参与体育运动，也会增添无穷的校园生活乐趣。例如，跑步使人感到节奏鲜明，勇往直前；练太极拳使人悠然自适……

通过体育活动能够扩大学生之间的情感交流，增进人与人之间的相互了解，改善人际关系，养成健康、合理的生活方式，创造文明、和谐的学校生活环境。

二、高职体育教育课程设计与标准

高职院校以培养国家需要的实用型高技能人才为主要目标，学生在校时不仅要学习掌握较高的职业技术，而且要通过体育训练形成与职业岗位相适应的身体素质。因此，高职院校的体育教育课程设计就任重而道远。

（一）高职院校体育教育课程设计

1. 高职院校体育教育课程设计的思路

（1）高职体育与健康课程要充分考虑学生原有的身体素质、体育素养和未来发展目标，并与高等职业教育的总体培养目标相一致。

（2）高职体育与健康课程设计既要充分考虑体育学科的一般任务、目标和要求，也要充分体现职业教育在专业人才培养方面对体育学科的特殊要求。

（3）高职体育与健康课程的学习内容：体育与健康理论基本知识、田径、篮球、排球、足球、羽毛球、太极拳和健美操等项目。

（4）高职体育与健康课程在学院大一、大二年级开设，共四个学期。

2. 高职院校体育教育课程设计的价值取向

高职体育课程价值取向作为课程的灵魂或核心，对高职体育课程的改革和发展起着引领作用。

由于对高职体育课程属性的不同认识、体育课程主体对自身需要的不同理解以及现实条件的不同所造成的体育课程价值冲突，既要在认识上看到高职体育课程价值取向之间存在的互补性，也要在实践中做到多种体育课程价值的最佳结合，即用整合的方法解决体育课程价值冲突。高职体育课程价值取向呈现多元化，每一种价值取向都有其理论的合理性和具体的实践意义，也都在发展过程中显现出其各自的缺陷和不足。高职体育在改革和发展中不能非此即彼地选择某一种体育课程价值取向，而应该在反思自身不足的基础上，吸收不同课程理念的优点和长处，以适应高职教育改革和发展对体育课程的要求。高职体育课程价值取向的发展过程，必然是一个多方价值取向不断满足的过程，同时也是在平衡不同价值取向中，从冲突走向融合的应然过程。

作为高职院校的公共体育课程，"高职性"是体育课程实施中必须依据的价值特性，新构建的高职体育价值取向就必须在满足社会服务价值为主导的前提下，追求各方面利益的最大化，实现从各种价值取向的冲突到融合，形成新的平衡发展价值体系。在这个体系中，学生的身心健康和谐发展是目的性的，社会服务的价值取向是前提性的，体育技能的学习、体育文化素养的发展则是条件性的，三者之间构成了一个合理的、整体的和以目的性价值取向为中心的高职体育课程价值取向结构。

高职体育课程这种应然的价值取向，既体现了高职体育的特点和功能，也符合高职学生未来生存、生活和发展在体育知识技能以及身心健康和体育学习能力等方面的素质需求。同时，作为快速成长中的高职体育，通过对原来各自所持有的课程价值的扬弃和发展而建构起的新的体育课程价值取向，更具有实践的引导价值，从而使高职体育课程的功能转化为学生需要更具有现实可能性，引领高职体育课程走上规范化和健康发展的轨道。

3. 高职院校体育教育课程标准

教育部在《关于全面提高高等职业教育教学质量的若干意见》（教高〔2006〕16号）文件中明确指出："课程建设与改革是提高教学质量的核心，也是教学改革的重点和难点。高等职业院校要积极与行业企业合作开发课程，根据技术领域和职业岗位（群）的任职要求，参照相关的职业资格标准，改革课程体系和教学内容。建立突出职业能力培养的课程标准，规范课程教学的基本要求，提高课程教学质量……改革教学方法和手段，融'教、学、做'为一体，强化学生能力的培养。"在教材建设方面文件也明确指出："加强教材建设，重点建设好3000种左右国家规划教材，与行业企业共同开发紧密结合生产实际的实训教材，并确保优质教材进课堂。"

（二）高职院校体育教育课程建设

1. 高职院校定位和体育课程建设

高职教育是一种职业特征鲜明的高层次职业技术教育类型。在课程体系构建上，高职教育具有鲜明的职业性和技能性。其典型的应用性、突出的技能性和较强的实践性，决定了课程建设应始终围绕培养对象的职业能力这一主题，将课程与培养目标及专业能力有机地结合，不单纯追求学科的系统性和完整性。根据培养目标的能力因素和岗位需求，筛选学科中与培养职业能力直接有关且使用效率较高的专业知识内容，配合实践性教育环节，形成一个以综合能力培养为主体、突出技能和岗位要求为目的的课程教育体系。体育教学的显著特征是实践性强，学生要通过反复的练习掌握和应用技术动作。

体育的实践性、技能性和应用性符合职业教育的课程体系特征，因此，高职院校应比普通高校更加重视体育教育，这是由其培养目标所决定的。高职院校培养专业技能程度高的复合型高等职业技术人才，突出表现在"能干"，这就要求学生有较强的身体素质。除了先天遗传因素外，身体素质主要靠后天的体育锻炼形成。体育运动技能的形成具有教育性、协作性、规范性和实践性等特征，它对劳动技能的形成有积极的促进作用。而劳动技能的展示和发挥，又必须靠健壮的身体做支撑。体育运动能提高学生的灵活性、协调性、柔韧性、思维性和力量性等素质，有助于他们掌握各种动作技能。教育心理学和实践证明：经常参加体育活动的学生，由于积极地进行技能迁移，能够更快、更容易地掌握各种动作技能、技巧。能够很好掌握运动技能的学生，一般情况下也能很好地掌握专业技能。技能型人才往往工作在生产第一线，需要培养其吃苦耐劳的精神、身体及心理的承受能力和团队精神。而体育教学、训练和竞赛的实践过程恰好有助于增强学生这方面的能力，进而促进他们专业技能的提高。

2. 高职院校人才培养目标和体育课程建设

高职院校人才培养目标是使学生成为拥有专业知识、具备专业技能的高级应用型人才。良好的身体和心理素质是技能型人才从事一线岗位工作的基础。体育课程建设必须围绕此目标进行。

体育课程建设改革要适应需要。在深化教学改革、提倡素质教育的今天，高职院校体育课程建设必须适应高职技能的需要，必须树立"健康第一"的指导思想，必须坚持"以人为本"的教育方法，必须对课程类型、教材选编、教学组织和教学方法等作出相对灵活的规定。可根据本校、本专业的实际情况制订教学大纲，既要达到课程标准规定的一本多纲的要求，又要充分反映出本校的特色。

（1）学制、学时的改革

在高职院校大力压缩公共教学课时、增加专业实训教学的今天，唯有体育课学时不但不能减少，而且还应增加。因为健康的身体是生活和工作的本钱和保证，是高技能发挥作用的前提。为国家"健康工作五十年"的要求与近几年大学生健康体质逐年下降的状况形成了反差。因此，大学一、二年级开设体育课是必需的。体育课学制、学时也应同学生的专业学制相配套。同时，还要积极组织课外阳光体育活动，开设体育选修课，并赋予相应的学分，鼓励学生积极参加体育锻炼。

（2）教材内容的改革

高职院校体育教材的选择应结合专业特点，注重高职专业与体育项目的结合，选择一些与专业培养目标密切相关的体育教材。例如，在医学、护理等专业开设太极拳、八段锦、五禽戏和练功十八法等课程，让学生掌握防病治病的功法技能；在市场营销、酒店管理和学前教育等专业开展健美操和形体训练，塑造学生良好的形象；在机械制造、数控机床和模具制造等理工专业进行力量训练，增强学生肩带肌、躯干肌和脚掌肌的力量，提高下肢静力性耐力及上肢动作的协调性、准确性；对计算机网络、财务会计等办公类专业则坚持体操训练，预防和治疗颈椎病、腰椎病；利用羽毛球、乒乓球在运动中线路、方向前后左右变化不定的特点，预防和治疗学生近视眼。同时，根据职业岗位群特点，选择一些有利于全面发展学生身体素质和培养学生团结协作、遵守规则精神的球类运动、拔河比赛等项目。总之，教材内容的选择应充分体现高职学生的专业特点和兴趣爱好。

（3）课程形式与结构改革

目前，大多数高职院校体育课只开设一年，第一学期为普修课，第二学期为选项课。这种形式限制了学生主动选教师、选教材的自由。特别是普修课更是激发不了学生的学习兴趣，与《全国普通高等学校体育课程教学指导纲要》提出的"让学生掌握一两项终身锻炼技能"不符。因此，改革现有课程结构是很有必要的。本着"以人为本、健康第一"的原则，体育课程应开设两年，每学年至少60学时。一年级以选项课为主，二年级开设促进学生专业学习的学分制体育选修课。同时，根据本校场地器械与师资力量等实际情况，以体育俱乐部的教学形式开展学生喜爱的、具有时代性的体育运动。

第二节　足球教学的科学设计

一、确定教学内容

教学内容是足球教学的基础，体现了足球教学的技术分布。教学内容来自教师对教材内容与教学实际的总体加工。对教材内容进行选择和取舍，丰富教材内容，合理地确定教学内容，从学生的实际出发，确定符合学生水平的足球教学内容。

足球教学内容通常是按照学期的足球教学工作计划而制订的，通常把规定教学内容的文件称作课程计划、课程标准和教科书，它们是教学内容的具体化。

党的十八大以来，我国不断深化教学领域改革，推动教学内容符合学生实际，教学方法有效、可行。新形势下的足球教学要不断丰富与完善，符合全面深化教育改革的要求，注重教学内容与学生的生活紧密相连。在每节足球课程前，设定一个主题，教学内容根据该主题而展开，这个主题是基础教学内容的细化，可以使学生充分了解课程内容，深入学习足球基础知识与技战术。

二、突出教学重点

如今，足球运动已经成为各高校学生参与体育运动的重要组成部分，也是各高校开展体育课的重要内容。在足球教学中，教师要以足球教学内容为基础，突出教学重点，使学生通过掌握重点足球知识与技术。把握好足球教学的重点与难点是足球教学设计的重要因素，是教学内容的核心部分。学生掌握了教学重点，重点之外的教学内容更容易理解与学习。因为，教师在设计和突出教学重点时都是以基本的足球技战术为基础。

突出教学重点对于教学方法与训练计划的制订起到重要作用。教学重点是足球教学核心环节，教学方法与训练计划因教学重点而改变。教师须运用合理的方法与计划突出重点，体现足球课程的核心内容。例如，某一足球课程的重点是培养学生的团队与配合意识，教师应设计更多的团队游戏，促进学生之间的默契配合，增进团队意识。

三、设计教学方法

足球教学方法是足球教师根据学生以及课程内容的具体情况综合考虑而设计的。教师是足球教学的主体，掌握合理的教学方法能够使学生得到更好的发展，提升足球技术。随着教学理念不断更新和足球技战术的不断发展，教学方法更加多样。根据教学对象、内容、性质、特点、任务可将教学方法分为不同类别。以下简要介绍高职足球教学中常用的几种方法。

（一）全面教学法

全面教学法是指每一名学生都同时练习，用于足球课程的开始或结束部分。如课程开始时的球感练习、足球热身练习或课程结束时的体能练习等。

（二）分层教学法

足球教学活动是以学生的学习为基础的，只有符合学生的实际情况才能充分调动学生的积极性。教学在面向全体学生的同时，要能够根据学生个体的差异区别对待，做到统一要求而又因材施教。通过分层次进行足球教学，用足球的趣味性、娱乐性、知识性，充分激发学生参与足球运动的热情。

足球教学中，可以根据学生的足球技术水平和能力分为A、B、C三层，A层为技术能力较好的学生，约占全班人数的25%，B层为技术水平一般的学生，约占全班人数的50%，C层为技术水平较差的学生，约占全班人数的25%。这种层次划分有利于教学根据学生的情况展开针对性教学，同样能够根据学生水平的变化进行层次的变化，充分调动学生的积极性。

（三）个别教学法

个别教学法是指针对个别学生展开技术和体能等的单一教学。这种教学方法在校园足球课堂上经常被使用。由于学生的足球基础有所不同，因此，对技术水平与其他学生差异较大的学生要进行个别教学，以此来迅速提升学生的水平，不与其他学生拉开差距。

（四）兴趣教学法

通过游戏加强技术练习。由于游戏自身的特点，广大学生不仅喜爱而且也容易接受，对足球教学产生兴趣。教师可以根据学生，授课的不同内容，设计游戏，要求学生游戏过程中尽量运用所学过的足球技术。在技术动作熟练的基础上，教师对学生提出技术要求，做动作要动中有变，增强实战应变能力。在运传球、接传球等技术教学训练中结合各种二过一配合练习，提高运球的起动、急停、急转和脚步移动的灵活性。在多人传球与配合射门练习中，根据学生水平设计一些复杂的传跑路线，在路线上有意设置一些干扰，用以培养他们的观察、判断能力及转移球的意识，以提高学生运用足球技术的能力。

（五）领会教学法

与传统教学法截然不同的是，领会教学法不是从基本技术教起，而是让学生先对足球运动的基本规律、规则、技战术特点有所了解，着重进行战术意识的培养，并把战术意识的培养贯穿于教学。领会教学法能激发学生学习足球的积极性，它把战术意识的学习置于首位，而把技巧的学习排在其后。学生先建立足球运动和比赛的概念，获得一些战术意识，在理解的基础上然后学习、改进和提高相应的运动技能，以提高学生运用技术的能力，从而提高了学生学习的兴趣。其次，领会教学法对完善人格因素，培养个性都起到了积极的作用。特别是培养学生自信与乐观、独立与合作、好奇与兴趣方面更具特色，这符合当今高校培养综合素质人才的教育观念。

（六）迁移教学法

迁移教学法是指一种技术在掌握到一定水平后又促进了另一种新的技能的产生。这种足球教学方法能够对教学活动起到事半功倍的效果。在高职足球教学中，如果教师采用了这种教学方法，并且不断对学生加以引导会取得良好的教学效果。

（七）串联组合教学法

串联组合教学是指将传统教学中的一些单一技术串联组合起来进行教学的方法。这种教学方法主要以游戏为主，其中可以穿插一些对抗性的练习，以激发学生的兴趣，调动学生学习的积极性。在高职学校中，足球课程时间有限，要想在短时间内完成全部的足球内容教学是比较困难的。因此，教师一定要在时间充足的前提下采用这种教学方法。

（八）互动教学法

互动式教学法是指在足球教学过程中教师与学生的互动。互动可以提高学生的参与度与积极性，从而达到使学生得到全面发展的目的，激发学生的兴趣。通过互动，教师可以发现学生的不足以及在技术水平上的欠缺，因此进一步强化训练。

四、明确教学目标

足球教学目标是指通过足球教学来达到预期的目的，它是整个教学过程的主线与根本依据。在制订教学计划时，明确教学目标是不可缺少的环节，使其具有指向和标准作用。明确的教学目标能够引导教师更有效地展开教学活动和学生学习活动。教师应以教学目标为导向，而设定的教学目标不应该过于抽象，脱离学生实际。如果教学目标过于空洞、抽象，会使教学过程无法获得准确地指导，对学生的足球学习产生负面作用。

第三节　足球训练计划与训练方法

一、训练计划的类别

根据不同的标准，可以对训练计划进行不同的分类。例如，按训练计划时间跨度长短，按训练对象人数，按训练的不同任务，按训练所处不同阶段或不同的训练内容等等。训练计划有多种类型，但不管什么类型的计划，都包括一些基本的共同内容，只是在实施过程中应有所侧重，能抓住重点，增加训练计划的实效性，使训练过程按预先设计方向运行，达到理想的训练效果。

在训练实践中，通常按运动训练计划时间跨度的大小将其分为以下四种训练计划。

1. 多年训练计划：为了使训练工作有比较长期的打算，应该有多年的规划，多年训练计划的年限，一般在两年以上。多年训练计划的内容主要有：① 提出多年训练的目的和任务及达到的指标；② 根据竞赛制度和比赛的时间，将多年训练计划分为几个阶段，并提出各阶段的训练任务和重点；③ 通过多年训练，准备培养本队形成的风格和主要战术；④ 技战术、身体训练总的要求，足球理论讲述的重点；⑤ 训练各阶段、各时期训练内容纲要和所占比重与时间。

2. 全年训练计划：根据多年训练计划的目的任务、内容并结合当年的具体情况、任务、要求和队内的状况而制订的。全年训练计划的主要内容有：① 本年度训练的目的、任务与指标；② 身体、技术、战术训练的方法与要求，理论讲授课题目与内容；③ 各时期的划分，各时期的训练任务、内容、重点、比重和措施；④ 全年比赛安排、全年训练大纲。在全年训练计划中除了业务上的内容外，还要有思想政治工作的内容。

3. 阶段训练计划：根据全年训练计划周期的划分来制订阶段训练计划。学校足球训练的周期，应以一个学期为一周期，一个周期就是一个完整的训练阶段。内容基本上同于全年训练计划。因此，在制订阶段训练计划时，应注意每个阶段之间的衔接。根据学校一年两个假期的特点，没有比赛任务的队可利用假期作为训期。集训期的任务应与训练期的中后相同，并且训练的要求更高，训练次数也应增加。

4. 周训练计划：根据阶段训练计划制订的，也就是把阶段训练计划更具体的落实到周训练计划之中。周训练计划是制订课时计划的主要依据。

二、足球训练方法

（一）重复锻炼法

在运动锻炼的过程中，多次重复同一练习，两次（组）练习间安排相对充分休息，从而增加负荷的锻炼方法叫重复锻炼法。此方法的关键是一次练习完毕后，间歇时间应当充分，这样可有效地提高锻炼者的无氧、有氧混合代谢能力，提高各种技术应用的熟练性与机体的耐久性。

重复锻炼是锻炼身体从而增强体质，为了追求必要的负荷而反复做动作的过程。这个过程中主要强调的是负荷强度，而不在于改正动作错误。因此，运用重复锻炼方法的关键是掌握好负荷的有效价值范围（最有锻炼价值负荷量下的心率），并据此调负荷强度，应视实际情况而定。通常认为，普通大学生的负荷心率在 130 ～ 170 次／分的范围内是较适宜的，心率低于 130 次／分则健身效果不大，应增加重复次数，超过 170 次／分则需减少重复次数，或安排足够的间歇时间。

运用重复锻炼方法还要注意根据锻炼项目的不同特点和不同体质状况，随时加以调整，以免机械呆板和产生厌倦情绪。

（二）间歇锻炼法

在运动锻炼的过程中，对多次锻炼时的间歇时间做出严格规定，使机体处于不完全恢复状态下，反复进行锻炼的方法叫作间歇锻炼法。该方法的关键是对间歇时间严格控制，使机体处于不完全恢复状态，但每次练习的负荷时间较长、负荷强度适中。此方法可使锻炼者的心脏功能明显增强，通过调节负荷强度，可使机体各机能产生与锻炼项目相匹配的适应性变化；提高有氧代谢供能能力，提高体质。

同重复锻炼法一样，间歇的时间也要依据负荷的有效价值标准去调节。一般说来，当负荷反应（心率）指标低于有效价值标准时应缩短间歇时间，而在高于价值标准时则可延长间歇时间。实践中，一般心率在 130 次/分左右时，就应再次开始锻炼。间歇时，不要做静止休息，而应边活动边休息，如慢速走步、放松手脚、伸伸腰或做深而慢的呼吸等。因为轻微活动可使肌肉对血管起到按摩作用，帮助血液回流和排除代谢所产生的废物。

总之，通过适当的间歇，把负荷量调节到负荷有效价值的范围以追求良好的锻炼效果。

（三）连续锻炼法

在运动锻炼的过程中，为了保持有价值的负荷量而不间断地连续进行运动的方法叫连续锻炼法。此方法要求负荷强度较低、负荷时间较长、无间断地连续进行运动。连续、间歇、重复都是在整个锻炼过程中实现的。连续、间歇、重复等因素各有其特有的作用，连续的作用在于持续负荷量不下降，维持在一定的水平上，使身体充分地受到运动的作用。

连续锻炼时间的长短，同样要根据负荷有效价值的范围而确定，通常认为在 140 次/分左右心率下连续锻炼 20～30 分钟，可使机体的各个部位都长时间地获得充分的血液和氧的供应，因而能有效地发展有氧代谢能力，发展耐力素质。实践中，用于连续锻炼的内容主要是那些比较容易并已为锻炼者所熟悉的运动，如跑步、游泳、跳迪斯科舞等。若想减肥，须每次锻炼 40 分钟以上。

（四）循环锻炼法

循环锻炼法由几个不同的练习点（或称作业站）组成，练习者按照既定顺序和路线，依次完成每点练习任务，即一个点上的练习一经完成，练习者就迅速转移到下一个点，下一个练习者依次跟上。练习者完成了各个点上的练习，就算完成了一次循环。这种练习方法就叫循环锻炼法。其结构因素有：每点的练习内容、每点的运动负荷、练习点的安排顺序、练习点之间的间歇、每遍循环之间的间歇、练习的点数与循环练习的组数。

循环锻炼法对技术的要求不高，且各项目都采用比较轻度的负荷练习，因此练起来简单有趣，可有效地提高不同层次和水平的练习者的运动情绪和积极性；可以合理地增大锻炼过程的练习密度；可以随时根据具体情况加以调整，做到区别对待；可以防止局部负担过重，延缓疲劳的产生，交替刺激不同体位，有利于综合锻炼，从而达到全面发展的效果。

运用循环锻炼法时，关键是要按照全面性原则去搭配项目。根据已有的经验，一般选择 6 ~ 12 个已为锻炼者掌握的简单易行的项目。搭配时注意上肢动作与下肢动作、剧烈的跑跳练习与静力憋气动作之间的合理交替。在健身锻炼中，可根据锻炼项目安排循环练习各练习点，还可分队比赛，增加竞争性，以提高练习兴趣。

（五）变换锻炼法

通过不断变换运动负荷、练习内容、练习形式以及条件，以提高锻炼者的积极性、适应性及应变能力的方法称作变换锻炼法。此法可以有效地调节生理负荷，提高兴奋性，强化锻炼意识，克服疲劳和厌倦情绪，以达到提高锻炼效果的目的。

刚参加锻炼时，可多做些诱导性练习和辅助性练习。随着锻炼水平的提高，应加大练习的难度，如用越野跑代替在田径场的长跑等。由于锻炼条件的变化，可使锻炼者的大脑皮层不断地产生新异的刺激，提高兴奋性，激发锻炼的兴趣，从而提高机体对负荷的承受能力，提高锻炼效果。另外，不断地对锻炼的内容、时间、动作速率等提出新的要求，可有效地调节生理负荷，使机体不断产生适应性变化，达到更好的锻炼身体的目的。

三、足球素质训练

要练习足球技术，首先要懂得如何做热身运动，这是避免受伤、发挥良好竞技状态的保证；其次，在练习时要注意每一个动作的规范性，基本动作是否规范直接影响到将来足球水平的高低；第三，要养成良好的踢球习惯，如身体重心降低、运控球时的视野以及对待无球的态度等。

在练习足球战术时，首先，要知道互相鼓励发挥团队精神是练习的保证；其次，在练习时要融会贯通，要记住每一个小战术是由几个技术动作组成，每一个综合战术都是由小战术组成，每一个整体战术都是由几个综合战术组成；第三，要严格遵守足球规则，利用公平的手段力争取胜并享受快乐，并且确保胜不骄、败不馁。这是一个足球人的基本行为规范。

观看以下各个级别的比赛，从学习和审判的角度来看待每一场比赛，学习优秀球员的技术和优秀球队的先进战术，审视不同比赛的区别，判断每次判罚的公正与否，联系自身的技术特点，取长补短，不断提高自己的足球水平。

1. 观看世界各国足球顶级联赛，如意大利足球甲级联赛、英格兰足球超级联赛和德国足球甲级联赛等；

2. 观看世界级比赛，如欧洲冠军联赛、每四年一次的世界杯足球比赛等；

3. 观看国内足球比赛，如中超联赛和甲B联赛以及足协杯等。

四、足球体能训练

足球运动员的体能是技能的基础，技能是体能的表达，体能的好坏直接影响到比赛的胜负。如果运动员没有良好的体能储备，则容易造成机能快速下降，比赛时失误增多，很难发挥技战术水平，所以提高运动员的体能水平是保证比赛胜利的重要条件。

（一）力量素质训练方法

1. 发展颈部、上肢、肩背力量的练习

（1）两手扶头，在颈部转动时给予抵抗力。

（2）俯卧撑（可以双手撑在健身球上做）。

（3）引体向上。

（4）推小车。

（5）卧推（水平、上斜、下斜；宽握、中握、窄握；正握、反握）。

（6）哑铃/杠铃弯举。

（7）俯立哑铃臂屈伸（宽握、中握、窄握；正握、反握）。

（8）杠铃俯立划船（单臂哑铃划船）。

（9）坐在健身球上做杠铃颈后推举（宽握、中握、窄握；正握、反握）。

（10）两腿分开，互抛实心球（先离心后向心）。

2. 发展腰腹力量的练习

（1）仰卧起坐（加转体）、仰卧举腿（斜板）。

（2）侧卧体侧屈、侧卧双腿上举、俯卧做体后屈（同时可抬腿）。

（3）跳起空中转体、收腹头顶球。

（4）展腹。

（5）肩负杠铃体前屈、转体。

3. 发展腿部力量的练习

（1）各种跳跃练习。立定跳、多级跳、蛙跳、助跑跳、肩负杠铃连续上跳、跨步跳、跳深。

（2）肩负杠铃提踵、半蹲。

（3）快速摆动大、小腿，可绑沙袋，也可采用橡皮筋增加阻力。

（4）远距传球、射门练习。

（5）骑人提踵。

（6）杠铃剪蹲（步子跨得大些：主要锻炼股四头肌、股二头肌和臀大肌；步子跨得小些：主要集中锻炼股四头肌）。

（7）悬垂举腿。

（二）速度素质训练方法

速度素质包括反应速度、位移速度、动作速度。

1. 各种姿势的起跑（10 ~ 30 米）。

2. 在快速跑或快速运球中，听、看教师信号，做急停、转身、变向、跳跃、翻滚等动作。

3. 利用快速小步跑、高抬腿跑、顺风跑、下坡跑、牵引跑等练习，突破速度障碍。

4. 全速运球跑、变速变向运球跑。

5. 绕杆跑、运球绕杆。

6. 利用简单的战术配合练习速度。

（三）耐力素质训练方法

1. 有氧耐力训练

（1）3000 米、5000 米、8000 米等不同距离跑。

（2）定时跑，如 12 分钟跑。

（3）穿足球鞋长距离跑。

（4）100 ~ 200 米间歇跑，400 ~ 800 米变速跑。

2. 无氧耐力

（1）30 ~ 60 米重复多次冲刺跑。

（2）100 ~ 400 米高强度反复跑。各种短距追逐跑。

（3）进行 5、10、15、20 米折返跑，往返冲刺传球。

（4）在规定时间内做不同人数的抢传练习。

（四）灵敏协调素质训练方法

1. 交叉步前进或后退练习，侧向移动练习。

2. 各种跑。快速后退跑、转身跑、快速跑动中看手势变向。

3. 各种翻滚与起动跑。

4. 听掌声、哨声起动跑。

5. 喊号追人。

6. 两人冲撞躲闪。

7. 多种动作过障碍。

（五）柔韧素质训练方法

1. 颈前屈、侧屈、后屈并绕环，体前屈、侧屈、后屈并振动。

2. 前弓步和侧弓步压腿，纵劈腿和横劈腿。

3. 前踢腿、后踢腿、侧踢腿和腿绕环。

4. 站立体前屈下压或靠墙站立体前屈下压。背伸、展腹屈体练习及腿肌伸展练习。

5. 模仿内外颠球动作，单双腿连续做内翻和外翻练习。模仿内扣和外扣动作，单腿连续做内转、外转动作。

6. 两腿交叉的各种跨步、转身动作。

7. 踢球、顶球、抢截球等各种技术动作的模仿练习。

8. 跪压正脚背（上体后仰轻轻振压）及全脚背着地的俯卧撑练习（主要拉长脚背韧带和小腿前肌群）。

9. 模仿和结合球的大幅度振摆腿、铲球、侧身踢凌空球及倒勾射门等练习。

五、足球训练负荷

运动负荷是指运动训练过程中运动员机体在一定时间内所承受的工作量，是对运动员身心实施的有效刺激，以促使适应的产生。足球训练是一个全面、系统的实践过程。教师在制订训练计划时要充分考虑到训练负荷，合理的训练负荷会产生积极的训练效果。在训练时间、训练次数、训练强度方面应合理安排。

（一）训练时间

足球队要保证充分的训练时间，而训练时间不应太长也不能太短，教师应掌握好训练时间。在赛前集训时，每天训练时间应在 4 小时以上，包括基础训练和比赛演练；在比赛周期内，应减少训练时间，防止运动员过度疲劳而造成运动损伤，一般训练时间应控制在每天 2 ~ 3 小时为宜；在比赛之后的过渡期，应逐步减少训练时间，让运动员得到休息和放松，每天训练时间在 1 ~ 2 小时。在训练时，应对技战术的薄弱环节增加训练时间，以充足的训练提升比赛水平。

（二）训练次数

足球队训练次数因比赛的不同时期而变化，以此达到合理的运动负荷，充分保证运动员的身体状态。赛前集训时，每周的训练次数应不少于 18 次课；在比赛期间，每周的训练次数应不少于 10 次课；在过渡期，应保证每天至少一次课。

六、足球技术训练

（一）双脚脚背颠球

1. 练习方法

（1）一人一球颠球

体会触球的时间、触球的部位、触球的力量和整个动作的协调配合。

（2）两人一球颠球

用脚背、大腿、头部以及身体各部位触球，掌握好触球的力量，尽量不让球落地。每人可触球一次颠给对方，也可触球多次互颠。

（3）四五人一组，围圈用两球颠球

可规定每人触球的次数与部位，也可自由掌握触球的次数与部位。颠传时要注意观察，防止两个球同时颠传给同一伙伴。

2. 注意事项

（1）必须全身放松，千万不要让脚僵硬。

（2）颠球的时候要击球的底部中央。

（3）颠球的高度最好不要高于膝盖。

（4）颠球的时候一定要集中注意力，用力要适当。

（5）先只练最擅长的脚，颠球的时候每颠一下，颠球脚都要踩一下地，不要脚不落地连续颠球。

（二）脚内侧踢球

1.练习方法

（1）贴碰球

同伴将球踩住，练习者用脚内侧部位轻轻触击球的后中部，左右脚反复进行，体会脚触球时的部位与感觉。

（2）模仿踢球

慢跑中模仿脚内侧踢球的摆腿踢球动作，体会脚内侧踢球的完整动作。

（3）罚点球

距球门11米远，用脚内侧以中小力量将定位球踢向目标，提高踢球动作的规范性和触球的准确性。

（4）对踢球

两人一组，相距8～10米，用脚内侧踢地滚球，提高踢球动作的规范性和触球的控制能力。

2.练习时注意事项

（1）踢球时，要掌握好大腿外旋和脚尖外转的动作。踝关节要紧张用力。

（2）支撑脚踏地位置要合适。如靠前，出球偏低而无力；如靠后，容易把球踢高。

（3）可反复地做原地或走动中髋关节外旋动作。

（三）脚背内侧踢球

1.练习方法

（1）轻触球

同伴将球踩住，练习者用脚背内侧部位轻轻触击球的中后部，体会脚触球时的部位与踝关节的紧固感觉。

（2）原地模仿

原地做模仿性的练习，先做无球的摆腿练习，待动作成型固定后再结合有球的练习。先从固定球开始，体会脚和球接触的部位，使之形成正确的动力定型。

（3）原地踢球

将若干球放成一排，斜线助跑上步支撑，体会快速上步支撑的动作感觉，学会正确稳定支撑身体的重心。

（4）上步踢球

每人距墙 20 米，对墙踢球，体会脚背内侧踢球的完整动作。

（5）踢准比赛

距直径 1 米、3 米、5 米的圆圈 30 米远，踢球入圈，提高脚背内侧踢球力量、方向和落点的能力。

2. 练习时注意事项

（1）支撑脚的位置是否正确，直接关系到出球的准确性和力量。

（2）可多做摆腿的模仿动作。踢球后，脚要继续前摆，脚尖不要内转。

（四）脚背正面踢球

1. 练习方法

（1）轻触球

同伴将球踩住，练习者用脚背内侧部位轻轻触击球的后中部，体会脚触球时的部位与踝关节的紧固感觉。

（2）原地模仿

原地做模仿性的练习体会脚背正面踢球腿的摆动过程。

（3）原地踢球

双手抱球，让球落下，用脚背正面踢球，体会脚触球的空间位置和触球时机以及脚背绷紧、踝关节固定的感觉。

（4）原地射门

在大禁区线上放置若干个球，练习者直线助跑依次射门，提高踢球动作的控制能力和踢球速度。

（5）运球射门

距球门 20 米处运球至 15 米处，用脚背正面射门，提高练习者在运动中对踢球的控制能力。

2. 练习时注意事项

（1）练习时，要强调脚面绷直，脚跟提起的要领。

（2）踢球腿前摆时，小腿不要过早加速用力，否则，容易出现把球踢高、踢偏、脚尖踢地的现象。

（3）初学时，可多做踢球的辅助练习，如脚尖走步、压脚背、踢实心球等。

（五）脚背外侧踢球

1. 练习方法

（1）轻触球。同伴将球踩住，练习者用脚背内侧部位轻轻触击球的后中部，体会脚触球时的部位与踝关节的用力感觉。

（2）跨步踢球。距墙 15 米处，快速跨一大步用脚背外侧踢球，体会完整的踢球动作过程。

（3）连续踢直线球。距墙 6 ~ 8 米，用脚外侧以中小力量连续对墙上的目标踢直线地滚球，提高小腿摆动的控制力和脚型。

（4）弧线球射门。距 20 米处设 1 个小球门，用脚背外侧踢地滚球射门，提高练习者在运动中对踢球的控制能力。

2. 练习时注意事项

（1）踢球脚触球时，不要勾脚尖，否则踢出的球既高又转。

（2）要踢球的后中部，如果触球部位不正确，踢出的球只旋转而无力。

（3）初学时，可先做内八字走动中摆腿的练习。

（六）传球技术

1. 传球的一般要求

（1）足球比赛是集体对抗项目。传球是组织进攻、加强队员之间协作的主要技术动作，使个人的行动服从集体利益。要正确认识传球的目的，以便尽可能地创造有利的进攻机会，从而培养集体主义精神。

（2）足球比赛时，场上情况复杂多变。为了适应比赛要求，每个队员要善于观察场上情况，及时选择传球的时机和落点，并根据预期目的确定传球的脚法。要求做到快，即传球动作快和传球后接做下一动作要快。

（3）传球时要掌握好出球的力量、弧度。力争做到人到球到，恰到好处，为接球人做动作创造便利条件。要根据接球人起动的时间和跑动的速度，适当地把球传到接球人的前面；传球的角度要适合接球人的跑动方向；传球力求平稳，力量要适当。

（4）短传较为准确，多用于小组战术配合，但短传过多会影响全队的推进速度。长传能加快推进速度，便于转移进攻方向，但准确性较差，容易被对方截获。因此，短、中、长传必须根据场上情况结合运用。

（5）在传球练习中要养成抬头观察场上情况的习惯。在传球之前，要对场上双方队员活动情况有大概了解。这样，才能较好地掌握传球的轻重缓急和远近落点。

（6）目前，足球运动正向高速度的方向发展，进攻的推进和由攻转守都要求快速。因此要加强直线长传和传空当的传球练习。

（7）传球要传给已经或可以摆脱对方防守的同伴。如直接向接球人的脚下传，就要传到离防守人远的一侧的脚下，并尽可能传给面向对方球门的同伴。

2. 传球的练习方法

（1）对墙传球练习

开始可距离墙2～3米，以后逐渐加大距离。开始时传球力量可以小些，以后逐渐加大力量。要求左右脚和各种脚法传球。

（2）两人对传练习

开始时可一人抛地滚球，另一人助跑后用各种脚法传球。随着技术熟练程度的提高，可踢反弹、凌空球，或两人在移动中用各种脚法和传向各个方向的球。

（3）多人一球练习

全队分成两组，对面成纵队站立，相距20～30米，用一个球做各种脚法传球练习。甲方第一人传球后跑到乙方队尾，乙方第一人传球后跑到甲方队尾。

（4）方形传球练习

四组队员分别站在6～8米见方的场地四角，甲组队员传球后跑到乙组队尾；乙、丙、丁组队员传球后依次跑到丙、丁、甲组队尾。

（5）三人跑动斜传练习

每人之间相距6～8米，相互做各种传球练习。按照要求掌握好传出的方向和速度。

（6）两人跑动中直、横传球练习

两人相距5～6米，相互传球。传球后做交叉换位跑。

（7）三角传球跑位练习

队员分成三组，分别成纵队站在三角形场区顶点，甲组队员传球给乙组队员后，向反方向跑到丙组队后；乙组队员传球给丙组队员后，向反方向跑至甲队员后；丙组队员传球给甲组队员后，向反方向跑至乙组队员后。

（8）长传练习

三人一组成等腰三角形站立，甲丙两人与乙的距离为30米左右。开始时，由乙向甲传球。甲由后面标旗冲到前面标旗接球；乙传出球后立即转身去接甲传出的球，并将球传给丙，丙冲上接球再传给乙。

（七）脚背正面运球

1. 练习方法

（1）做无球的跑动模仿练习。注意全身协调放松，重心降低。

（2）每人一球运球。运球前仔细回忆脚背正面运球的重点。

（3）进行脚背正面运球技术的练习，强调运球时尽量抬头，扩大视野。

2. 练习时注意事项

（1）运球时，不是推拨球，而是捅球，球离身体过远，失去控制。

（2）支撑脚离球过远，身体后仰；触球后，身体重心不能随球前移。多做原地运球练习，体会脚与球接触的感觉。

（3）反复做无球跑动练习，提醒自己重心降低。

（4）直线运球。快速直接运球，提醒要抬头看场上情况。

（八）脚背外侧运球

1. 练习方法

（1）学生做无球模仿练习，强调全身动作协调，按动作要领，脚背外侧运球，重心下降。

（2）学生做脚背外侧运球练习，强调全身协调用力，重心下降。强调运球时应抬头注意观察四周，养成良好的习惯。

（3）强调脚外侧直线运球时，脚尖应向下压，脚内扣；用脚外侧向侧方或绕圈运球时，脚尖应向上翘。

2. 练习时注意事项

（1）运球时，膝关节没弯曲，推球力量大，球离身体过远，失去控制。

（2）脚尖不内转，触球部位不正确，控制不好运球方向。

（九）脚背内侧运球

1. 练习方法

（1）做原地无球模仿练习。强调动作要领。

（2）两人一组，练习脚背内侧踢地滚球，要求力量小，体会脚与球接触的感觉。

（3）走或慢跑中体会脚背内侧运球技术。

（4）加快速度练习脚背内侧运球。

（5）各种熟悉球性练习，如颠球、拨球、拉球、扣球等。

（6）用左脚前脚掌将球引到脚下，再用左脚的脚背内侧将球停在原地。

（7）用右脚由脚背内侧将球改变方向推出。

（8）直线运球。脚背内侧做一步一触球练习。

（9）直线运球。脚背内侧做两步一触球练习。

（10）单脚脚背内侧运球，由慢到快。

（11）两脚交替脚背内侧运球。

2. 练习时注意事项

（1）只顾低头看球，而不能随时观察场上情况，以致不能及时传球或射门。

（2）运球时，不是推拨球，而是踢球，以致球离身体过远而失去控制。

（十）运球过人

1. 练习方法

（1）在走与慢跑中分别用单脚脚内侧、脚背正面、脚背外侧运球，运球方向沿直线进行，注意动作规范化。

（2）用脚内侧、脚背内侧、脚背外侧沿中圈线做顺、逆时针运球练习，注意使用合理的运球方法，左右两脚交替使用。

2. 练习时注意事项

（1）注意观察对手所处的位置决定自己所采取的过人方法。

（2）低头，眼睛只盯着球，不能随时观察场上情况。这主要是控球能力差和习惯于低头，造成视野狭窄。应学会用眼睛的余光去观察或用脚去"感觉"球，这样就能把眼睛"解放"出来。

（3）身体僵硬影响动作的协调自如，造成不恰当的触球，结果往往是触球时力量过大。其原因多为运球技术生疏、思想紧张，以致动作失误。

（4）运球时步幅过大，重心偏高，不能随心所欲地触球、控球。由于触球部位不恰当，运球时球不能按运球者的意图运行。球离运球者过远，不能随心所欲地接触或控制球。

第四节　校园足球活动的组织

一、校园足球活动开展的上层支持

（一）建立和完善校园足球联赛体系

由市足球协会牵头建立成校园足球市、区（县）、校三级联赛体系，制定不同年龄段学生足球训练标准，教育和体育部门共同组织实施。市和区（市）县要把校园足球联赛列入体育年度竞赛计划，鼓励学校举办班级、年级、校际比赛等校园足球活动。

（二）完善校园足球定点学校招生考试政策

完善初中、高中足球特长生招生政策。市足球协会制定足球后备人才认定标准，畅通足球特长生培养输送渠道，逐步理顺以高中学校为"龙头"的高、初、小"一条龙"足球梯队建设，建立省级阳光体育示范高中学校和省级体育传统项目，高中学校申报招收一个足球特长班的机制。

（三）加强校园足球师资队伍建设

多渠道配足配齐足球教师。探索制定鼓励退役足球运动员从事校园足球工作的政策措施，逐步落实每所学校中至少有 1 名足球专业教师（教练员、指导员）。由市足球教练员委员会制订校园足球教师培训计划，分期分批有组织、有计划地对学校体育教师进行足球专业培训和晋级培训，颁发社会指导员证书和D级教练员证书，并在市足球协会所属足球教练员委员会注册，持证上岗。足球教师培训按相应学时计入教师继续教育学时。教师组织课外足球活动、课余足球训练、竞赛要计算工作量。

（四）推动学校足球文化建设

因地制宜，逐步推进学校足球的校园文化建设。学校要积极创造条件，开发足球校本课程，开设足球选修课程。充分利用大课间、课外活动来开展形式多样的校园足球活动，举办校园足球文化节、文化周等培养学生足球兴趣。有计划、有组织地开展足球夏（冬）令营，促进建立足球社团或足球兴趣小组，定期举行学校与家庭、社区的足球交流活动。

足球定点校、体育传统项目学校每两周至少有一节体育课为足球教学课，其他学校参照执行。全校不少于50%学生参与足球活动并掌握相应的足球基本知识和技能。

（五）建立完善校园足球活动安全保障体系

各区（市）县要建立健全政府主导、社会参与的校园足球风险管理机制。形成包括安全教育培训、活动过程管理、保险赔付的校园足球风险管理制度。要制定完善青少年校内外足球活动和竞赛的安全管理制度，明确管理责任人，落实安全责任制，建立校园足球活动意外伤害的应急管理机制。加强足球场地、设施的维护管理，及时消除安全隐患。

（六）加大校园足球投入力度

要统筹校园足球经费投入，切实保障校园足球经费。市和区（市）县两级教育行政部门要优化支出结构，积极增加校园足球经费并确保校园足球工作的投入。体育行政部门要从体育彩票公益金中拨出专款用于校园足球工作。市校园足球定点校、体育传统项目学校在学校日常体育经费中安排20%～25%用于校园足球活动的开展。其他学校应在学校日常体育经费中安排10%～15%用于校园足球活动的开展。当地教育、体育行政部门要加强校园足球经费管理和审计监督，确保专款专用。学校依法创建青少年足球俱乐部，引导企事业单位、社会团体和个人通过多种形式捐赠和赞助校园足球活动，鼓励校园足球联赛承办单位、参赛队伍通过多种方式争取社会各界的支持和赞助。

各教育、体育行政部门要拓宽足球场地建设和运行资金的投入渠道，采取有效措施提高各类足球场地设施利用率和开放率，在推动学校体育设施和器材达到国家标准的工作中优先考虑足球项目。建设可保证训练和比赛的 5 人制足球场地，并配置足球设备。

（七）建立表彰激励机制

市教育、体育行政部门要把校园足球活动开展情况纳入各区（市）县目标考核。各区（市）县对取得突出成绩的学校、有关单位及个人进行通报表扬和奖励。学校将开展校园足球活动的情况纳入对学校教育工作评比的内容。参与面广、效果好的学校在参加"市级阳光体育示范学校""市级体育传统项目学校"评选活动中，同等条件优先考虑。

（八）加强对校园足球的组织领导

市校园足球领导小组办公室设在市足球协会，同时成立校园足球专家咨询委员会、教练委员会和裁判委员会，建立切实可行、监督有效的管理体制和运行机制，建设完善市级教育、体育部门信息共享的学生运动员注册系统和教练员、裁判员、校园足球联赛信息管理系统，确保校园足球活动有序开展。

二、校园足球活动开展的途径

（一）足球课

1. 足球必修课

足球必修课可在一年级基础课教学的基础上，根据学生个人的喜好、特长和身心发展水平，以足球运动和身体练习项目为主要内容组织系统教学，通过学习和掌握该项目的相应知识、技术和技能，增加对参与足球活动的兴趣、培养足球锻炼的习惯和健康生活的行为方式，进一步增强体质、增进健康，并获得体质与健康的自我评价能力。本课程宜在二年级开设。

2.足球选修课

足球选修课是在一、二年级必修课程的基础上，根据实际情况开设的以身体练习为主要内容的足球课程。足球选修课能进一步培养学生参加足球活动的兴趣，提高健康行为方式的意识和足球运动能力，为终身坚持体育锻炼打下坚实的基础，并在此过程中增强体质，增进身心健康。

3.足球训练课程

足球训练课程是对部分身体素质较好并有一定足球运动专长的学生开设的一种专门的课程，是贯彻、执行和普及足球课与提高体育运动素质相结合的重要措施，此举肩负着提高足球运动技术水平、创造优异成绩、参与校际和国际交往和为校为国争光的使命。

（二）足球课余活动

高职学校的足球课余活动是对足球课程的延续和补充，是高校体育教育过程中不可分割的环节，它为实现高校体育的目的和任务提供了又一重要途径。课外足球教学的目的在于增强学生体质，培养学生自觉锻炼身体的习惯，同时可以陶冶学生情操，丰富学生文化活动，发展学生个性。《高等学校体育工作基本标准》规定，学校应组织学生每周应至少参加三次课外体育锻炼，切实保证学生每天一小时的体育活动。

（一）清晨足球运动

早操应被视为每天从事有效脑力劳动的准备活动，它可以消除抑制、兴奋神经、加强条件反射、提高生理机能，促使机体以良好的状态开始一天的学习生活。早操应以多样化的内容与形式满足大学生的个体需要。其组织形式可以是进

行定点辅导，分班召集，与个人活动相结合。根据学生的兴趣爱好，可选择进行清晨足球运动

（二）课间足球运动

课间操是积极性的休息。学生在文化课程下课后，进行运动量较小的足球运动，适时转移大脑的优势兴奋中枢，可为下一堂课注入更充沛的精力。

（三）课后足球运动

课后足球运动是大学生们结束一天课程之后有目的、有计划和有组织地进行足球练习的具体实践。课后足球运动有如下形式：以教学班为单位的课外辅导；以学生运动协会和学生体育社团为中心的小型多样的足球运动竞赛等。

（四）校际、校内足球赛

积极开展校际、校内足球赛，提高学生参与足球运动的兴趣，培养竞争精神和团队合作意识。

（五）校园足球文化节

校园足球运动的发展，离不开校园足球文化的普及、传播与发展，通过校园足球文化的引领与熏陶，让更多的青少年学生积极主动的参与到足球运动中，丰富校园文化生活。为了推动校园足球的全面发展，高职院校应以推进校园足球文化为工作重点，积极营造学生普遍参与、阳光向上的校园足球文化氛围，努力打造属于学生自己的校园体育文化体系。通过校园足球文化影响与传播，建立校园足球文化的传播渠道，构建校园足球社团的沟通方式，推动校园足球文化的体验活动，发展校园足球文化的竞赛组织。在此基础上，充分发挥校园足球榜样的同辈激励作用，将校园足球文化融入学生学习与生活，激励更多的学生积极参与到足球文化的体验中，让学生在"踢起来、写起来、唱起来、跳足球、说足球、画足球"的同时，通过不同的形式参与到校园足球中，去享受足球、热爱足球，充

分发挥校园足球的育人功能，全面提升学生的综合素养，让校园足球真正成为学校体育改革和深化素质教育的突破口。

（六）课余足球运动训练

课余足球运动训练是利用课余时间，对部分身体素质较好并有足球运动专长的学生进行系统训练的一种专门教育过程。课余足球运动训练是高校足球的一种主要组织形式，也是认真贯彻、执行、普及体育课与提高足球运动素质和运动水平的重要措施。课余足球训练一方面肩负着提高运动技术水平、创造优异成绩、参与校际和国际交往、为校为国争光的光荣使命；另一方面又承担着指导普及、促进高校足球运动蓬勃开展的艰巨任务。足球课余运动训练有着目标的双重性、时间的课余性、运动项目的专门性与训练手段的多样性等优点，更新观念、增添措施、遵循规律、敢于创新，有中国特色的足球课余运动训练之路是十分广阔的。

（七）足球夏令营

足球夏令营是以足球为主题的夏令营，于 2006 年随着世界杯开始流行。他们一般由著名球星或者著名足球教练进行足球基本知识、足球基本技术、足球常识，足球比赛常识，战术训练和指导，使学生能够更准确、迅速、扎实地掌握足球技术要领，让学生受到更正规，更专业的足球训练。通过训练确保学生拥有较高的足球技术水平，并增强身体素质，提高自身免疫力，得到轻松的假期生活同时也得到自立的锻炼机会，在足球训练中充分享受足球带来的快感。

通过参加足球夏令营，能让更多青少年接受正规的足球训练，树立青少年的团队合作精神，发掘中国足球运动的后备人才，提高学生的健康意识、挖掘潜能、培养团队的协作意识，增强兴趣爱好，快乐健身，快乐生活，充分发挥学生的优势天赋，取长补短，使得学生的身体机能调整到良好状态，并提高身体素质，掌握足球技能，丰富学生的假期生活。

知识窗

皇家足协夏令营

西班牙皇家足协协会在西班牙国家足球队训练基地——拉斯罗萨斯（Las Rozas）足球城举行的国际校园足球夏令营，面向世界热爱足球的 6 ~ 15 岁男孩子们开放。

在这里可以学习如何以西班牙的方式提高足球技能。教练们为孩子们准备了西班牙式的技能课程和足球战术课程以及各种各样的实战比赛，从实践中提升每一个孩子的足球技能，让他们无论在个人技术上还是在集体配合上都有卓越的表

现。夏令营还有专业的守门员训练计划，为立志成为专业守门员的孩子们安排有针对性的训练。

夏令营活动分两大类训练主题组，专业类与娱乐类的组别分类能让孩子们自主定位好他们此次夏令营的目标，是享受轻松娱乐的足球狂欢节还是专业的足球之星养成计划。

巴塞罗那国际青少年足球夏令营

巴塞罗那国际青少年足球夏令营——巴塞罗那足球狂欢节对于那些想在巴塞罗那专业俱乐部的设施中体验一个集中的足球夏令营的人来说，是一次难得的机会。这次的足球狂欢节除了世界级的培训，球员还可以参加与足球有关的研讨会和享受文化旅游。巴塞罗那足球狂欢节是针对 13 ~ 17 岁对巴塞罗那培训方式感兴趣的青少年男孩。训练项目意在让参加者不断发展和学习新技术，并且要提高他们的心理和身体技巧。全球的孩子在一起学习巴萨式足球技巧，还能促进来自不同文化背景的同龄男孩们建立深厚友谊。

巴塞罗那足球狂欢节是运用巴塞罗那的特色培养方式，来训练培养爱好足球的青少年。除了普通的足球训练课程外还有专业的守门员培训项目：具体的守门员培训。量身定做的帮助练习和精心策划的方法，使参加者将全面的去理解守门员的内涵及技术精髓，在实践中提高自己的技能。

孩子们能使用巴塞罗那足球俱乐部官方的训练设施进行足球训练，每 10 ~ 12 个孩子拥有一个巴塞罗那教练，教练能面对面地对孩子进行互动式教学，让孩子很快地掌握巴萨使用的战术和足球技巧，可以让孩子亲身去学习感受巴萨文化。不要担心孩子们在陌生的环境下会不适应或在运动中受伤，夏令营中每 24 个孩子就会有 7 个工作人员对他进行贴心照顾、每 10 个孩子将会拥有一名指导老师，以保证孩子的安全。每个参加夏令营的孩子还会得到赞助商为他们提供的巴萨官方球衣，让身着巴萨球衣的孩子们能拥有巴萨的荣誉感。

第五节 校园足球游戏

在体育教学训练中，体育游戏以其促进人们身体机能发展、增强人们身心健康、掌握体育运动技术技能的明确目的，生动活泼的形式，丰富的内涵和引人入胜的竞赛因素，成为开发青少年智力、体力和基本活动能力的有效手段。

在高职校园中，足球活动开展类型多样，包括足球文化节、足球主题日、足球联赛、足球夏令营、足球游戏等。校园足球的开展会提升校园整体的足球氛围，推动足球水平的提高。足球游戏是草根足球、校园足球项目推广中必不可少的一部分，它有效地补充了传统足球的教学与训练方法，尤其为校园足球的推广普及提供了更具针对性的入门教学内容，更为实际地促进了校园足球的发展。在学校体育教学工作中，我们不难发现，游戏是学生最喜欢的一种掌握体育技能的方式。参与校园足球游戏，学生能够更为积极、快乐地参与到体育运动中来。相比传统足球的教学内容，足球游戏可以更为简单、直接地融入当前的校园足球课程中，在激发学生学习兴趣的基础上，促进运动技能的掌握，提高身体素质。

一、校园足球游戏的目的

激发学生参与足球活动的积极性和兴趣，培养足球文化氛围，提高参与足球的。足球运动是一项激烈的运动，对于培养学生的积极性与足球运动水平起到重要作用，对学生的认知与参与能够积极促进作用。通过各种足球活动形成校园足球文化氛围，使校园里充满足球气息。

二、校园足球游戏的特点

（一）趣味性

足球游戏作为一种体育游戏，必须具有趣味性才能称之为游戏。足球游戏是以足球为载体满足人们对于娱乐活动的需求，使人在精神和身体两方面上得到放松的一类游戏，同时可以吸引不同年龄层次的人积极主动的参加足球游戏，激发学生参与足球技战术学习的兴趣。

（二）锻炼性

足球游戏与智力游戏最大的区别就在于足球游戏须通过身体运动来完成游戏，在创编者创编游戏的时候就赋予了游戏特定的运动价值。运动负荷量可根据学生的年龄特征加以调整。通过足球游戏的练习可以起到锻炼学生的意志品质、增强学生的身体素质等目的。

（三）规则性

游戏也是在一定规则的约束下进行的，是为适应人们生活所需而产生的。一旦游戏具有规则的约束性，既可以保证游戏的公平进行还可以对游戏中的学生起到保护作用。对足球游戏的技战术有一个正确的引导作用。总之，足球游戏规则在游戏执行时起着非常重要的作用。

（四）综合性

任何年龄阶段的学生都可以作为游戏参与者；游戏场地不受时间、人数、器材等限制，场地问题易解决；足球游戏对学生身体的各部位都具有专门的练习方法，既可以培养与提高身体的基本活动能力，还可以通过游戏提高学生的运动技能、技战术。

三、校园足球游戏的作用

（一）启蒙足球意识，激发学习兴趣

足球运动发展到今天，已经具有紧张激烈的对抗性，其技战术水平要求非常高。特别是足球运动的停球、运球、踢球、突破、头球、射门等基本技术都有严格的动作规范。每一个技术动作对人的身体素质和练习次数都有一定的要求，在教学中合理地安排教学辅助性游戏，对学生特别是初学者，可以避免出现因练习的难度、单调、枯燥而产生的消极心理。米卢用"网式足球"来对国家队进行训练是很有讲究的，这是对队员们技术、头脑和集体利益的综合考验，中国球员在这方面有很大的欠缺。足球游戏本身具有趣味性、竞赛性、易掌握性等特点。符合青少年儿童的年龄、生理特征和心理特点。运用足球游戏作为足球教学的辅助手段，可以组织生动活泼的足球教学课。初学者通过足球游戏来熟悉球性和发展身体协调性效果非常显著。在足球教学中运用足球游戏有助于集中学生上课的注意力，激发学生对足球课始终保持浓厚兴趣，并对下一次课产生心理上的渴望和要求。

（二）器材要求不高，运动量易于控制

目前许多学校的运动场地器材设备不足，制约了学校体育的发展，对于体育教学产生严重的影响。在进行足球教学时，经常出现人数多、场地少、器材少的局面。影响了各种足球技术的学习，达不到对学生身体锻炼所要求的指标。根据足球教学条件安排游戏教学。教学条件一般指足球教学场地、器材、比赛方法与规则等。足球场是一个长 100 ~ 110M，宽 64 ~ 75M 的长方形平地，场内设有各条线、球门、中圈和罚球区、球门区等，为进行游戏教学提供场所和工具。而足球比赛的方法与规则则提供了现成的游戏方法和规则。足球游戏可以根据教学要求、学生的生理特点进行有针对性的练习，运动量和密度可以随机调整。如增减活动的紧张程度、比赛次数、扩大或缩小场地等。一般的足球游戏对场地的要求不高，参加的人数不受严格控制。实践证明，以学习足球基本技术为教学内容，结合本课任务，辅于相关性的足球游戏，通过分组教学的形式既能解决体育设施、器材缺少的问题，又能达到预定的练习密度、课时运动量及足球基本的教学指标。

（三）辅助足球教学，提高教学效果

足球游戏是将足球运动的各种基本技术和基本战术各自编排起来，以游戏的形式进行教学训练。它有明确的技术、战术要求和规则，可以丰富教学内容、激发学生学习、训练的自觉性和积极性，增强学生身体素质，提高学生技术、战术水平，增强教学效果。① 结合足球基本技术、身体素质练习等，在课堂的准备活动中安排徒手游戏，如利用边线、端线、中圈、球门区等安排分组"运球接力

跑""围圈抢球""绕杆"等能提高反应、灵敏、速度、力量素质的游戏，发展学生的一般身体素质，培养不怕苦、不怕累的顽强精神。② 结合足球的基本技术安排游戏教学，如"传球比赛""接运球游戏""运球绕杆接力比赛"等游戏练习，可有效提高学生传球、接球控球能力和运球奔跑能力，提高学生传球的准确性、隐蔽性和判断能力等。③ 结合足球的射门技术安排游戏教学。射门技术是足球得分的关键技术。可根据足球射门方法、位置、距离、次数及教学目的要求设计安排各种各样射门游戏教学，如"打靶比赛"和"踢准比赛""分组或个人比赛射门""规定时间的射门比赛"等游戏练习。射门的比赛游戏既可以提高学生射门技术的准确性和心理稳定性，又可以提高学生学习的兴趣性和竞争性等。④ 结合足球攻守战术安排对抗、竞争性强的游戏，如"少攻多"抢断球游戏"或两组人数相等攻守游戏教学比赛。实践证明，攻守对抗性游戏既可以提高运用技战术意识、集体配合意识和竞争意识等，又可以提高学生的身体体能、攻守转换的应变能力，丰富临场经验等。

（三）减轻学习压力，加强思想教育

足球教学是一个复杂的教育过程，需要一定的教学时间，而教学时间是非常有限的。如何在有限的时间内让学生掌握一定的足球知识和技能是关系到能否完成教学任务的问题。如果我们在教学中不顾学生的实际情况，搞强化教学与训练，呆板划一，不仅会使学生厌倦，而且还会使学生产生单纯为应付考试而学习的心理。我们应通过充分挖掘体育教学内容本身所蕴藏的创新特点和教育功能，有效地增进学生的心理健康。在体育教学设计上应把着眼点放在促进学生乐学上，增强教学内容的新颖性和吸引力，以激发和满足全体学生的求知欲，在活动中体验到探索与成功的乐趣，逐渐养成体育锻炼的习惯，进而有效地促进学生的心理健康。在足球教学中多采用足球游戏是十分必要的，足球游戏的诸多特点可以使学生在学习中减轻压力，增强学习效果，这是教师完成教学任务的有利因素，应当很好把握。足球游戏组织形式多为集体进行，有明确的规则限制，具有明显的对抗性、竞赛性和技巧性。

通过游戏可以培养学生的集体主义精神以及遵守纪律、团结互助、勇敢顽强、机智灵活等优良品德和作风。

四、校园足球游戏的分类

（一）足球热身类游戏

热身游戏包括有球类热身练习和无球类热身练习。在无球类热身练习中，让学生进行与训练相对应的身体素质练习。小学阶段的热身游戏多以无球、有情境、有主题为主，主要引导学生对足球产生浓厚的兴趣。在有球类热身练习中，让学生通过足球达到热身效果，初步掌握足球的相关技术技能，并进一步提升对足球的认识。

（二）足球技术技巧游戏

足球技术技巧游戏以游戏的形式进行技术教学。其优点是游戏可以在一定的速度和接近比赛的条件下进行。在基础阶段，了解足球运动、熟悉球性、培养足球兴趣，初步掌握传球、接球、头顶球、运球、抢截球、射门技术技巧等是最为重要的内容。

（三）体能类游戏

体能训练是指通过对学生机体的训练，使小学生的速度、力量、灵敏和柔韧素质得到初步的提升。高职学生处于生理、心理发展的关键时期，身体素质方面的发展顺序是柔韧素质、速度素质、灵敏素质，较少练习力量素质。所以，力量性素质游戏的设计，体现出时间短、重复组数少，以爆发力练习为主的特点。

（四）比赛类游戏

足球比赛游戏具有浓厚的娱乐性和趣味性。它不仅检验了学生学习足球的技术技能，还提高了学生学习足球游戏的乐趣，培养学生团队协作、敢于竞争的意识。足球比赛中具有整体性、对抗性、多变性、艰辛性，所以学生需要初步了解与比赛的相关规则以及 1 对 1 和 2 对 2 战术配合。

五、校园足球游戏的设计理念

（一）玩耍即学习的理念

游戏的设计以玩的趣味性为原则，游戏的自发及自由等特性作为游戏设计出发点。因此，在编排游戏的过程中，年龄特征及目标是不可忽视的重要因素。游戏具有自由性和自发性的特点。在足球教学过程中合理地运用足球游戏有利于陶冶学生的情操，让学生初步体会团队精神，感受拼搏作风、领会竞争合作的意识。

（二）以基础动作为主的理念

体育游戏内容的发展原则是由简单或基础动作到复杂的运动技术，由粗（大肌肉活动）到细（小肌肉群活动）。根据基础动作的理论模型，游戏的内容安排应遵循一定原则。学生身心的发展是非常迅速的。其最大的特点是身体心理的发展是相互促进并密切相关的。例如，学生能成功完成一个基础动作，这种身体机能方面的成功使学生得到充分的满足；相反，如果游戏难度过高，那么学生不容易完成，不利于培养学生的信心。

（三）依据教学内容，进行游戏的设计与选择

需要依据教学内容的特点进行游戏的设计与选择，并对其合理编排，既有利于学生对所学动作技术的学习与掌握，又有利于学生增加练习兴趣。

（四）依据教育教学的规律性，进行体育游戏的设计与选择

在体育教学中，有很多的规律性问题直接影响着教学的有效性，同样，在足球运动游戏化教学的游戏选择上也要依据一定的规律进行选择。其规律主要有教育教学相统一的规律和技术动作概念形成与动作掌握的规律、运动训练规律和学生的认识理解规律等。例如，亲子游戏"绳+球接力"，游戏的目的在于发展学生的速度及灵敏素质，培养家庭共同参与体育活动的意识，增进亲子关系的融洽度。在游戏过程中要密切观察学生的体力变化，并及时调整活动量和活动强度、密度，以便更好地达到游戏参与的效果。

六、校园足球游戏的设计方法

（一）制订游戏目标

制订游戏目标是足球游戏创编设计的核心内容，是足球游戏创编设计的前提。创编设计必须符合教学参与对象的年龄阶段和技能水平，最终促使教学对象达到新的发展水平。目标内容应从教学对象的活动参与、身体发展、心理健康和社会适应四个方面来选择确定，避免单纯以其中一点作为唯一目标。在表述游戏目标时，应尽可能使用与教学参与对象年龄阶段相符的语言来表述，以吸引参与对象的兴趣。

（二）选择游戏素材

1. 选择具有科学性的游戏素材

科学性是判断事物是否符合客观事实的标准，是否富有科学依据。在选择足球游戏的素材上，要考虑此游戏是否符合学生的生理、心理以及社会适应等特征，能不能发展和提高此游戏所针对的各项身体素质和技能。

2. 选择具有趣味性的游戏素材

足球游戏的主要目的是为了激发学生对足球运动的兴趣。因此，在选择游戏素材上，趣味性是不可缺少的一部分，并且是足球游戏中占有足够比重的一个环节。

3. 选择具有针对性的游戏素材

针对性原则是体育锻炼的基本原则之一，是指在身体锻炼过程中，根据锻炼者的个人特点以及季节、地域等客观条件，合理地确定锻炼内容、选择锻炼方法和安排运动负荷，使之符合实际需要，选择发展学生所要发展的某一项技术技能或素质，如热身类、传接球类、运球和抢截球类等。

4. 选择具有普适性的游戏素材

普适性是指某一事物比较普遍地适用于同类对象或事物的性质。就是说，要在游戏素材上注重各类学校的普遍适应性，在游戏方法上不分年幼，都可以参与，从而通过游戏的方式发展我国校园足球运动的参与人数和增加普及范围，形成良好的校园足球文化。

（三）确定游戏方法

游戏方法要精简扼要，让游戏参与者在通过阅读后基本掌握游戏的玩法，从而提高游戏的组织效率，吸引游戏参与者的兴趣，使得游戏的使用率得到提高，易于推广。

（四）确定游戏名称

游戏名称必须和游戏本身有着密不可分的关系，并且，游戏的名称要富有趣味性，应根据教学对象的特点命名游戏。例如，跳跳龙运球，让人看见名字就能大概猜到是什么样的游戏。

（五）提出游戏的教学建议

游戏的教学建议应考虑参与对象的差异性和游戏场地及器材是否能够得到保

证，并且能够实事求是地把游戏的注意事项交代清楚，以便于实施者在进行操作时更加得心应手。

七、校园足球游戏的设计流程

（一）明确游戏的目的和对象

明确游戏是服务于高职的低段，还是高段。明确教学目标，确定创编的方向和素材，如热身类或者是技术技巧类。只有明确了游戏的目的和对象，创编出来的游戏才能具有针对性和实效性。

（二）选择游戏的素材

确定是有球还是无球游戏练习，根据游戏的类型如热身、传球、接球、运球、抢球、头顶球、射门、战术、掷界外球等，选择需要的教具（如足球、跳绳、绳梯、标志圈、棍、标志桶、气球、网兜、软式纸球等），预设需要的设施。

（三）确定游戏的方法

1. 游戏的准备：教具、教具安放方法、场地及场地的规格、游戏的分组。

2. 游戏的进行形式：接力、追逐、攻防、比远、集体竞快、掷准、猜测等。

3. 游戏的队形：纵队、横队、圆形、放射形、三角形、分散形。

4. 游戏的路线：穿梭式、迎面接力、来回式、围绕式。

5. 游戏的接替方法：

（1）交物式：用接力棒、足球、汗巾或其他物品为信号进行接替。

（2）接触式：本组前后或是两个同伴以身体接触的方式，如击掌进行接替。

（3）过线式：越过底线获胜边线进行接力。

（四）制定游戏的规则

1. 明确合理与犯规、成功与失败的界限。

2. 明确对犯规者的处理办法。

（1）犯规者取得的成绩无效。

（2）犯规者扣分或降级。

（3）犯规组名次靠后。

（4）处罚犯规组被淘汰，退出比赛。

3. 要有一定的灵活性。

（五）确定游戏名称

1. 直接命名

（1）以游戏的内容命名，如"颠球大战"。

（2）以游戏的形式命名，如"踩拉球接力"。

（3）以游戏的情景命名，如"猴子捞月"。

（4）以游戏的规则命名，如"无间道"。

2. 拟喻命名

以游戏的内容或形式的主要特征为依据，采取用模拟与比喻的方法，表示某种情节的名称。

3. 游戏命名注意事项

（1）名称要简单易懂。

（2）名实相符。

（3）游戏的内容与形式相关。

（六）提出游戏的教学建议

1. 游戏的适用范围。

2. 游戏的安全性。

3. 游戏的拓展方法。

4. 其他注意事项。

（七）体育游戏的书写格式

1. 游戏名称。

2. 游戏目的。

3. 游戏场地。

4. 游戏方法。

5. 游戏规则。

6. 教学提示。

7. 安全提示。

八、足球游戏在足球教学中的运用

教师要根据足球教学的目标、任务和内容有的放矢地选择足球游戏，以期达到预定的效果。游戏的选择应该具有教育意义，在教学的不同阶段要适时适量地选择游戏，注重游戏的时效性。在组织安排游戏教学时，应遵循学生认识事物的规律、动作形成的规律和教学、教育发展相统一教学的规律。设计安排游戏教学还应考虑教师的组织控制能力。游戏教学中教师的组织控制能力直接影响教学的质量与效果，正如实践中由于有些教师选用和设计游戏教学方案不周密或不符合实际，难以收到预期的效果。组织控制能力还包括教师对游戏教学组织过程、队伍调动、纪律教育能力。因为足球场大、学生多，如果组织控制不当，就会影响整堂课的教学质量。因此，教师在安排足球游戏教学时应该周密设计、符合实际、量力而行、因地制宜。此外，游戏教学时间分配要合理，不能占用太多时间或超出预定时间，不能影响其他部分或环节的教学。

1. 引导课时，老师应尽量避免讲解冗长的技术动作要领和重复多次单一动作练习。① 在组织安排游戏教学前，先向学生讲清楚游戏的目的、作用、要求与过程等，使学生能明白地、主动地、积极地参加游戏练习，使游戏教学不仅能提高学生爱好与兴趣，又能完成增强体质、增进健康，掌握足球技战术的教学目的任务。② 应突出游戏教学思想教育性，通过游戏教学，帮助学生提高明确足球运动的健身健心的积极作用，培养他们的体育意识、价值观和终身运用足球方法手段健身的能力。③ 可根据足球技战术组合变化和游戏教学的顺序编排等，有目的地培养学生的运用技战术的能力、创新意识和创新能力等，而且应安排适中的集中注意力的游戏，让学生在巨大兴趣的吸引下，心情愉快地掌握基本的球性和发展身体素质，为以后教学的深入打好基础。

2. 课的准备部分主要作用是通过准备部分活动把中枢神经系统的兴奋性提高到适当水平，克服内脏器官的生理清洁，加强体内新陈代谢过程，减少肌肉活动的黏滞性，提高肌肉韧带的力量和弹性，增加关节的滑液，使关节灵活性加大，防止运动伤害事故发生。学生脉搏测试表明，根据课程的需要，在准备活动中合理地选择游戏是可以达到或超过慢跑加徒手操的胜利准备要求的。从心理状态看则可以使学生具有更高的兴奋性，为进行下一步的教学做好准备。在准备部分中可多安排一些密度大而强度小的各种有球或无球的足球游戏，如"围圈抢球"和"颠球比赛"等，活动身体的各部分以激发学生的参加兴趣。

3. 课的基本部分，其任务是学习新教材，复习巩固旧教材。通过专门性的游戏，反复练习，使学生掌握足球的技术、技能、发展身体素质，培养勇敢、顽强、热爱集体的意志品质。所以有针对性地采用一些与教学内容联系密切的游戏，对学生巩固和提高基本技术有很好的辅助作用。在学生初步掌握足球基本技术动作后，可以在游戏竞赛的对抗气氛中进行练习，增加速度和难度，学生能体会到技术的要领，体会技术上的熟能生巧。为了集体的荣誉，同学们互相交流指出错误并加以改正，自觉培养勇敢精神和顽强意志，从而增强学习的效果。

4. 课的结束部分，为使学生在足球课中造成的疲劳能尽快地消除，使身体从高度兴奋状态逐渐恢复到相对安静状态，有利于课后其他文化课的学习。课的结束部分可以安排使学生大脑皮层兴奋得到调节或在体力上获得恢复的放松游戏，运动量不宜大，而且要逐渐减少，让学生在轻松愉快的气氛中结束足球课的学习。

5. 在足球游戏的教学中，最重要的目的是使学生更好地复习和掌握已学过的足球技战术。通过在特定条件下进行具有专门性的足球游戏教学，可以在发展学生的足球运动专项素质和起到强化作用。在足球技术、战术的教学中运用的游戏法有单一性技术游戏和综合性游戏。单一性技术游戏对掌握单一足球技术有显著效果。但在教学中不宜长时间进行，避免学生的积极性下降，影响学习效果，在运用单一性技术游戏时，注意游戏的新颖和变化，使学生始终保持浓厚的兴趣。在选择综合性技术游戏时，要有明确的指导思想，使学生掌握在特定的条件下合理地运用技术，提高应变能力和独特的思维，避免出现单纯的定势思维。在足球技术、战术的专门教学中选择的游戏应有贯通性，使学生所学的技术、战术能前后顺接、应用自如，这样才能收到良好的教学效果。

九、选择和运用足球游戏组织形式的原则

足球游戏教学组织形式根据足球游戏授课的内容而定，形式多种多样。组织形式根据教学实际情况而定，根据教学内容与方法顺序由浅入深，由易到难，运动量由大到小，从单一的足球技术到多个足球技术组合，使参与游戏的学生保持极大的热情投入到游戏中。选择和运用足球游戏组织形式的原则如下。

（一）教学民主化原则

教学改革要求必须重视体现师生与学生之间的互动性，体现"以学生发展为本"的理念。尊重青少年的天性，张扬其个性，引导学生们关注校园足球、体验校园足球并热爱校园足球，让学生在学习中自由表达自己的智慧和情感。教学中指导学生掌握正确足球技术要领，并让学生学会互相帮助、共同进步。课堂教学中，要营造师生平等、民主、合作的心理氛围，重视师生教学交流情境，珍惜师生的情感交流与共鸣，在平等互动的课堂活动中促进教学相长。

（二）尊重个体差异的原则

青少年学生正处在身心发展的关键时期，由于受各种条件的影响，学生在生理、心理上存在明显的个别差异。教师在教学过程中，应最大限度地去引导和鼓励学生，多给学生展现自己的机会，让学生在学习校园足球游戏的同时，还能得到教师和同学们的认可和欣赏。在教学过程中，应充分注意学生在身体条件、兴趣、爱好和运动技能等方面的个体差异，重视学生身体全面发展，确保每个学生受益。

（三）有效利用教学条件的原则

学校拥有的教学场所、设备、器材是提高教学效率的重要因素。教学场所是开展校园足球游戏必要的空间条件，设备、器材是师生互动的中介和传递信息的媒体。因此，如何对教学场所中的设备、器材进行充分利用和合理组织，也是优化校园足球游戏教学组织形式的一个重要方面。例如，选择一个平坦的场地来代替足球场，选用衣物、沙包、跳绳等其他器械来替换游戏中所需的标志桶、标志盘等，用小皮球或自制软球来代替足球等。

第四章
高职校园足球文化

校园体育文化是学校教育的重要组成部分，是以培养学生体育意识和体育技能、提高体育文化素养、增进学生身心健康为宗旨而开展的各种各样的校园体育文化活动。校园体育文化在培养身心健康、具有创新精神和实践能力的现代人方面具有重要的作用。校园足球文化是校园体育文化的重要组成部分，也是构建和谐校园，传播体育精神，推动校园足球发展的重要途径。

第一节 高职校园体育文化概述

一、体育文化概述

（一）体育文化的含义

把体育作为一种文化现象来加以认识，于是就产生了综合全部体育活动的上位概念——体育文化。德国学者 G. A. 菲特在 1818 年出版的《体育史》一书中，就已使用 "Physical Culture" 一词，最早被译为 "身体文化"。他使用这一词用来指斯拉夫民族的沐浴和按摩等保健养生活动。据此,《韦氏国际大辞典》也称"身体文化"为"有关身体系统的保养"。有的解释更为宽泛,认为身体文化是包括从身体涂油剂、颜料,营养摄取,入浴设施甚至身体训练的运动器械在内的各种文化现象的总体。第二次世界大战后,前苏联和东欧各国把"身体文化"作为关于体育的广义的概念来使用,认为它是整个文化的组成部分。20世纪50年代,库什金和凯里舍夫所给的身体文化定义是:"改善苏联人民健康、全面发展其体能、提高运动技巧以及创造体育教育专有的精神和物质财富等方面获得的成就的总和。"在日本,身体文化是与体育相关的概念。日本学者认为:"所谓身体文化,是为了保护、培养、锻炼和提高人的生命力,以身体或身体活动为基础和媒介体而形成的文化总称。"他把身体文化分成四个部分。

1. 运动文化。把生产劳动及游戏技术发展起来的运动、舞蹈等身体活动练习,统称为运动文化。

2. 健康科学。为维护生命、保护和增进健康的有关人体的科学体系。

3. 日常生活中的行为,包括茶道、礼节、教养和仪式等活动中人们的行动。这是行为美学的一部分。

4. 体育运动教育。将上述体系作为媒介以人的教育为目标的体系。

1974年,国际体育名词术语委员会出版的《体育运动词汇》指出,体育文化是"广义文化的一个组成部分,它综合各种利用身体的锻炼来提高人的生物学和精神潜力的范畴、规律、制度和物质设施。"对体育文化的理解见仁见智,有人认为身体文化就是身体锻炼;法国的顾拜旦则认为体育文化是促进健康和增强体力的身体运动体系。尽管人们对体育文化的认识还没有完全统一,对于概念的使用范围尚有争议,但是在体育发展过程中所产生的观念形态和知识体系,所创造的手段、方法、技术、器械和设施,以及有关的组织、宣传机构等,已经在人类的社会生活中构成了一种独特的文化现象。人们的体育价值观念、运动技能、体育活动的组织管理方法,有关体育报刊、书籍和音像制品的出版发行,广播、电视中的体育节目,体育题材的文艺作品,体育奖品、宣传品、纪念品以及体育文物等影响到人们精神生活的一切方面,均可视为体育文化的范畴。

1989 年，苏联教授马特维也夫博士应北京体育学院的邀请进行了为期一周的讲学。马特维也夫认为，身体文化从广义上讲是社会文化的一部分，它是旨在使人的身体完善而合理利用的专门性手段、方法和条件所取得成就的总和。通常可将身体文化分为两个部分：第一部分是社会所创造的、利用的一切有价值的东西，即专门性手段和方法及使用它们的条件，保证人们最有效地发展身体并达到一定的身体准备程度；第二部分是利用这些手段、方法和条件的积极结果。身体文化与体育在本质上是一样的，都是为了人的身体完善发展，但二者并不完全相同。在涉及体育及体育成果作为某种价值的时候，二者相同。体育是在社会发展的过程中，新一代人与老一代人接交身体文化珍品的一个渠道，也是文化珍品的积累方法。

美国没有"身体文化"这一概念。在美国如果谈"身体文化"，则多数人会想到"劳工运动"方面去。美国建国只有 200 多年的历史，其民族又是由世界各地移民及当地印第安人组成。欧洲的移民带去了英国、法国、德国、意大利等国民族的文化，因此，"文化"的概念也很难统一。哈里斯及帕克综合了人类学家对"文化"的观点，将文化定义为"每个人从出生日起所受教育的过程中学习来的行为模式"。这种定义也只能代表定义者本人的观点。其实，"文化"的含义众多，有耕耘、耕种、培植、教育和礼仪等多种意思。至于"身体文化"这个词，已无人使用。

体育文化包括体育物质文化，如满足人们的体育需要而开发的各种运动器材和场地设施，为促进体育发展而创造的各种思想物化品等；体育制度文化，如在体育运动中人物的角色、地位以及各种体育活动的组织形式，为促进体育发展而形成的各种组织机构，人们围绕体育而创造的各种直接影响体育活动的原则、制度等；体育精神文化，如依托体育改造人的精神的思想观念及理论体系，通过抽象的声音、色彩等表现体育精神的艺术文化，等等。有的学者认为，体育文化是人类体育运动的物质、制度和精神文化的总和。大体包括体育认识、体育情感、体育价值、体育理想、体育道德、体育制度和体育的物质条件等。这种对体育文化的界定是比较准确的。

综上所述，体育文化是在增进健康、提高人们生活质量的过程中创造和形成的一切物质的和精神的财富，包括与之相对应的社会组织及规范体育活动的各种思想、制度、伦理道德和审美观念，还包含为达成体育目标而采取的各种改革举措以及相应的成果。

更高·更快·更强

（二）体育文化的特性

1. 民族性

人类文化的存在和发展，不仅有共性的一面，也有极具丰富性的一面，甚至是具有很强个性的一面。这种人类文化的差异性，就是民族性的表现。各个不同地域的人类，创造了不同类型、不同形态的文化，又塑造了具有不同文化特征的群体。任何形式的民族文化，都与本民族的形成、延续和发展密切相关，都与本民族的地理环境、人种特点、风土人情、经济条件、生产力水平乃至和社会结构相适应。这些反映了本民族的、传统的体育文化，规范着本民族的体育行为，也影响着人们不同的体育价值观。中国体育文化，在儒家文化的长期影响下形成了以追求"统一""中和""中庸"的思想，重在以修身养性的娱乐性和技巧性为主要特色的体育文化。例如，印度的瑜伽就反映了印度民族具有和谐性和柔美性的体育文化特征。

2. 时代性

时代在不断地演化和发展，各个不同的历史时期有着不同的生产方式。人们总是生活在一个特定的环境中，这个生活环境对人类来说，产生了重大的影响。

人们在生活实践中所创造的文化，也都离不开这个环境的影响。因此，文化也具有特定的性质、特定的内容和特定的形态，表现出鲜明的时代性。

3. 社会性

文化的社会性，也称文化的群众性。这是因为任何文化都离不开大众，更不能离开社会。如果说人离开了文化，就不能成为真正的人，同样，社会离开了文化就会变成一个愚昧的社会。因此，人、文化和社会三者之间形成了相互关联、相互作用的复合体。

4. 差异性

文化的差异性既表现在一个地区、一个民族的行为习惯上，也表现在价值标准和价值观念上。例如，东方体育文化有重礼节、求持中、重自身完善和求个人身心平衡的品格形式，表现了人的内在品质和言行相一致的东方色彩；而西方体育文化则表现出竞争、激进冒险的风格，人们常把身体健美的人视为崇拜偶像，表现了外在和言行开诚布公的西方特色。再者，南方人由于灵巧而善于技巧性运动，而北方人由于体力充沛而善于摔跤、马术；南方人由于身体单薄而需要比北方人更多的相互协作，因此在体育运动中表现为集体项目的倾向，北方人由于个高力大及性格上的特征，表现为较多的个性化项目的属性等。

5. 继承性

继承性也可称为传统性。在养生学的发展中，东方人原先主张以静养生，后来有人主张以动养生，再后来主张动静结合。这是人们对体育文化延续和不断深化认识的过程。例如，中国传统体育文化以前注重于修身养性，后来泛化为强身健体，直到今天的自娱与休闲文化。同样，中国传统体育文化中的舞龙、舞狮、气功和武术等都已经成为了风靡全球的运动项目。

二、高职校园体育文化的含义

高职校园文化是一个多层次、立体化的有机整体。作为这个整体的重要组成部分的高职校园体育文化，是推动校园文化发展的最有力的催化剂，同时它也是具有深刻内涵和丰富外延的一种独特的文化现象，对于加强学校的精神文明建设，提高校园文化质量，全面推进素质教育和全民健身计划的落实，以及培养师生终身体育意识，都具有十分重要的意义。

高职校园体育文化是校园文化和体育文化两者相互影响、融合、渗透和促进而发展起来的，是在一定社会政治、经济、文化、教育和体育等条件的依托下，由高职学校广大师生在实践过程中共同创造的体育精神和物质财富的总和。

校园体育文化有着深刻的内涵和丰富的外延。首先，校园体育文化与校园德育、智育和美育文化等一起构成了校园文化群；其次，校园体育文化又与竞技体育、群众体育等共同组成了广大的体育文化群。从广义上讲，校园体育文化是学校广大师生员工在学校现存的环境中，在学校体育教育、学习和活动等过程中创造出来的物质与精神的所有内容。从狭义上说，校园体育文化是指在学校教学环境下，以学生为主体，以教师为主导，在各种体育活动中相互作用创造出来的学校文化形态之一，包括体育精神、体育的价值观念、体育道德和体育能力，是学校这一特殊社区的体育群体意识。

校园体育文化是一个内涵广泛、系统开放的文化形式。这个系统大致可以分为三个层面：第一层是精神层面，居于主导地位，其中体育健康价值观是学校体育文化的本质和核心，决定了它的目标；第二层是制度、方法层面，这个层面既是学校体育的组织形式，也是学校体育意识的体现，包括体育教学、课余体育活动、体育科学研究、体育竞赛、体育协会和体育交流等全方位制度、方法的确立；第三层是物质层面，是学校体育文化的基础，也是客观物质保障，包括校园的体育建筑、环境、场地、器材、用品和师资队伍等。以上三个层面在学校体育文化建设过程中，应当在"以人为本"的基础上获得协调发展。

三、高职校园体育文化的价值

从社会学角度出发，体育文化的存在体现了人的一种社会需求。体育已从单纯的肌肉活动与文化隔离的状态下解脱出来，成了既是体育又是文化，既是锻炼又是娱乐，既是运动又是教育，既能观赏又能参与的一种特殊的社会文化现象。在现代教育与现代体育这两大人类文化体系的交汇处，生存着一种独特的社会文化现象——校园体育文化。校园体育文化是整个体育文化体系中的一部分，也是整个教育文化体系中的一部分。

高职校园体育文化的灵魂与核心就是高职校园精神，而校园精神是深层次的群体意识，又是群体的向心力与凝聚力，是校园群体共同的价值认同、价值取向、心理特征、行为方式。有人把学术文化比作校园精神文化之首，而把体育文化看作是校园精神文化之躯。因此，体育文化作为校园精神建设的一种途径和形态构成了校园文化不可或缺的一部分。

校园体育文化是以学生为主体的，以课外体育文化活动为主要内容，以校园为主要空间，以校园精神为特征的一种群体文化。校园体育文化作为一种社会文化，也是在一定社会政治、经济、文化、教育、体育等条件下，由学校广大师生在实践过程中共同创造的体育物质财富和精神财富的总和。校园体育文化对改善大学生的智力结构，加强学校与社会的交往，传承、借鉴人类社会的文明，提高大学生的积极性、主动性和创造性，促进教育改革的深入发展具有特殊的地位和作用。

校园体育文化的宗旨主要是培养学生体育精神、体育意识和体育技能，提高体育文化素养，增进学生身心健康，并在此宗旨指导下开展多种多样的校园体育文化活动。

体育精神是指体育运动中所蕴含着的对人的发展具有启迪和影响作用的有价值的思想作风和意识。体育精神是由体育运动所孕育出来的意识形态。体育精神超出了体育运动本身，内化为人类心中的一种信念和追求。奥林匹克旗帜上的五环象征着五大洲，展示了一种世界大团结的精神；奥林匹克的口号"更快、更高、更强"，强调了拼搏与进取的精神；中国申奥标志中的太极拳形象，展示了中国文化与世界文化的相融；中国申奥口号"新北京，新奥运"，是在改革开放中富强起来的中国面向世界的宣言；每当五星红旗在奥运赛场上冉冉升起，多少中国人心潮澎湃，热泪盈眶，这些就是体育精神。

从爱因斯坦坚持体育锻炼、邓亚萍连连获得世界冠军和雷·尤瑞命运改变的故事中，都能体现出体育精神来。邓亚萍克服自身条件的不足，在赛场上勇敢拼搏的精神获得了世界人民的尊敬。前国际奥委会主席萨马兰奇对邓亚萍有着很高的赞赏，他曾说过，邓亚萍是我本世纪（21世纪）见过的最好的运动员，她是奥林匹克精神"更快、更高、更强"，最有力的诠释者。马燕红克服伤病困扰，获得奥运会冠军的故事，也很好地体现了奥运会的核心精神。牙买加运动员奥蒂连续多年都没有取得金牌，但仍坚持不懈。奥蒂被称为"永远的伴娘"，因为她参加了多次奥运会和世界田径锦标赛，获得过30多块奖牌，却从未获得过金牌，但她坚持不懈，40多岁仍然奔跑在竞技场上。人们称她为"失利者"而不是失败者，她的身上集中体现了奥运会提倡的重在参与、永不放弃、永不气馁、永不低头的精神。

体育是一种国际语言，人们甚至不需要翻译、不需要解释，就可以自由交流，它为世界和平作出了自己的贡献。奥运会承载了友谊与团结、和平与公平、关爱与尊重等精神内涵，奥林匹克是体育精神的代名词，是现代社会文明的标志。"神圣休战"以追求和平与友谊为特征的精神，为我们所向往；尊崇公正、平等、竞争的精神，成为人们追求的理想；锻炼体能、展示健与美成为人们追求的目标。奥林匹克精神是现代社会文明的奇迹。体育精神让人们之间更容易沟通，让合作更广泛，让处处出现新的可能性。

校园体育文化中包含了塑造顽强的意志品质和拼搏精神。自体育从社会生产劳动中剥离出来，人们就不断地利用它向自身极限挑战。每个人在任何一次挑战极限的过程中，需要的不仅仅是非凡的体能和体力，更需要的是顽强的意志品质和拼搏精神。纵观现代社会，环境的优越、物质条件的改善使广大学生的身体条件有了较大提高，但他们当中很多人却又滋生了许多负面的东西，诸如"对人生目标追求缺乏信心和耐心，面对挫折和失败不能正确对待而怨天尤人"，这些缺少精神和信念的人必然容易受环境优劣的影响而缺乏主观能动性。有资料表明，30%以下的大学生有不同程度的心理健康问题，有20%的学生感到烦恼的原因来自于人际关系、性意识、学业压力、信息刺激与社会环境，面对现代社会激烈的竞争不能用平和的心态去正确对待。实际上校园内的体育竞赛或训练等同于校园体育文化范畴的活动，是培养学生顽强意志品质和不屈不挠拼搏精神的有效途径。北京大学"山鹰社"之所以有如此强大的感召力，吸引着许多青年学子的参与，就是因为他们在参与训练或征服大自然的过程中获得了意志的磨炼，才敢直面成功或失败。他们在不畏艰险的奋斗过程中自觉弘扬顽强的拼搏精神，以此养成对真埋执着的追求和对人生目标的坚定信念。这不仅是高校教育工作的责任，更是大学体育的任务。

校园体育文化中包含了塑造公平竞争的意识和精神。公平竞争是所有体育活动的基本要求。公平竞争精神包括两方面的内容：一方面是指不畏强者、敢于竞争、敢于胜利、善于竞争、善于胜利的优秀品格；另一方面，公平竞争精神倡导"公开、公平、公正"的行为规范，以此表现出良好的竞争道德。任何一项体育赛事都是本着"公开、公平、公正"的竞争原则进行的，也正是在这种环境下才有规范的行为方式，使体育的魅力深入人心，这与倡导"光明正大""心底无私""光明磊落"的人格培养具有一致性。今天的社会正处在转型时期，社会主义市场经济秩序的建立使社会各个行业的竞争越来越激烈，许多人由于在长期的计划经济时期形成了"大锅饭、铁饭碗"的思维模式，面对现实表现出极不适应，往往利用一些不正当手段来牟取私利。这在一定程度上影响了整个社会，给我们的教育工作带来了较大的负面影响。参与和适应"公开、公平、公正"的大学体育比赛，有助于大学生体验和实践"公开、公平、公正"的竞争规则，培养良好的竞争意识。

牛津和剑桥这两所世界名校的历史源远流长。在学术方面，他们都源于英国上层社会，虽然齐名，但两校互不称臣；而在体育方面，两校间每年一度的牛津剑桥赛艇对抗赛正是他们证明各自强弱高低的最好写照。比赛从1829年开始至今，除了战争期间，从未间断。在截至2017年的163次比赛中，剑桥以82场的胜利略占优势，牛津以80场的胜利略逊一筹。

如今，这项学子之间进行的最能体现竞争和友谊的体育项目已经推广开来，美国的哈佛大学和耶鲁大学每年也效仿进行赛艇对抗赛；1999—2009年，清华大学和北京大学也曾在美丽的北京昆玉河上每年举行一次赛艇对抗赛。

牛津、剑桥赛艇对抗赛

牛津大学和剑桥大学，是不列颠高等教育的双子星。即使是在全球范围内，这两所大学也毫不逊色于其他任何大学，一直稳稳占据世界大学排行榜前十的宝座。

"艺术的牛津，科学的剑桥"——一方是人文科学，另一方是自然科学，这似乎是很多人心中固定的公式。施强留学（微博）杭州分公司英国部经理苏丹表示：剑桥大学类似中国的清华大学，以理工科著称，历史上出了70多位诺贝尔奖得主；而牛津大学则和国内的北京大学一样，以文科著称，历届校友中以"铁娘子"著称的英国首相玛格丽特·撒切尔、美国前总统克林顿和已故印度总理英迪拉·甘地夫人，都毕业于牛津大学。

作为英格兰民族知识界的双驾马车，牛津、剑桥之间的互不服气也算历史久远了。

19世纪20年代，两个分别跻身于这两大名校的好友突发奇想，既然牛剑在学术教育上互不服输，不如举行一次划船对抗赛来较量一番。原来这两所大学都位于河畔，分别依傍着康河和查韦尔河。

划船运动在两校都很受欢迎，唯一的不同是划船的方法：在剑桥，船头朝前，划船人站在船尾；而在牛津，则是船尾朝前，划船人站在船头。划船比赛的两个创始人碰巧都叫作查尔斯。

剑桥的查尔斯·莫瓦尔出身名门，牛津的查尔斯·华兹华斯更是有来头，他的叔叔就是英国著名的"湖畔派"桂冠诗人威廉·华兹华斯。老华兹华斯还曾是剑桥的学子。

1829年3月12日，剑桥向牛津下了战书："剑桥大学在此向牛津大学挑战，在伦敦或靠近伦敦的泰晤士河上进行一次8人赛艇比赛，时间定在复活节期间。"

同年6月10日，划船赛在伦敦泰晤士河牛津郡的亨利段河面进行，牛津大学在首次比赛中获胜，从此拉开了两校间百年恩怨的序幕，前一年的失败者就成为下一年的挑战者。在过去的163届比赛中，剑桥赢了82次，而牛津赢了80次。

在 1877 年的那次对抗赛中，两队同时抵达，由于当时并没有终点摄像设备，所以被裁定为平局。目前，剑桥大学保持着时间最长的连胜纪录——1924—1936 年连胜 13 次，而牛津只有一次 10 连胜（1976—1985 年）。

在 2017 年 4 月进行的两校赛艇对抗赛中，牛津大学男队获胜。

校园体育文化中包含了塑造集体主义和团结协作精神。任何形式的体育运动都是积极倡导个性和集体的配合相结合，既展示个性特征和个人才能，又相互支持、相互配合、团结协作，融小我于大家之中，为共同的目标一致努力。每逢重大国际体育比赛，当运动员在赛场上奋力拼搏，没有任何一个电视机前的大学生不愿为其加油喝彩。伴随比赛的进程，我们既为运动员一次次的成功而欢呼，也为他们出现的每一次细微失误而惋惜。当中国健儿站在最高领奖台上的时候，电视机前的大学生无不为之动容。一场班际或是校际体育比赛，可以使一群陌生的大学生走到一起，为集体和团队的荣誉呐喊助威。几乎所有的大学都有自己的传统运动会，学生们的参与既能使其个性得到充分的展现，又可给大家提供一个交流的机会，有助于当代大学生展示个性、增进友谊、增强集体凝聚力、体现团队精神。

四、高职校园体育文化的功能

（一）教育功能

文化环境是一个使人不断地接受新文化滋养、熏陶和装备的园地。高职校园体育文化是存在于学校这一特定环境中的体育文化形态。学校的体育教师，是拥有专门体育知识的人才，人类创造的体育文化以系统的知识形态经教师的传授，给学生们以滋养，使他们掌握体育知识，认识体育的价值，逐渐地成熟起来。同时，文化是一种超个体的社会存在，它不依人的产生而产生。从个人的角度看，文化首先是作为一种生活环境而先于个人存在的，人受其影响得到发展，通过从文化环境中吸取营养，潜移默化，接受熏陶，不断地追求培养人的可能和界限，促使人从"自然"到"文化"，从"现实"到"理想"的实现。

（二）增进健康功能

"健康应是在精神上、身体上以及社会上保持健全的状态"，这一世界卫生组织（WHO）对健康的定义提出了现代健康的新概念，阐明了人的健康应包括身体和精神两个方面。身体健康包括良好的发育、正常的生理机能及承担负荷的适宜反应。校园体育文化中的行为文化即是以身体运动为基本的表现形式，由它所构成的体育锻炼过程，给予人体各器官系统以一定的强度和量的刺激，使机体在形态结构、生理机能等方面发生一系列适应性反应，从而对机体产生积极的影响并能有效地促进人们的身体健康。校园体育文化中的意识、行为和物质三个文化部分均能有助于人们的心理调节，满足师生员工对精神文化生活的需要。通过各种体育手段和方法，可以锻炼意志品质，催人奋发进取，培养集体观念，加强组织纪律，协调人际关系，消除精神烦恼，给人带来欢愉，使人身心得到和谐、健康的发展。

（三）导向功能

大学校园文化的导向功能是把全校的师生员工引导到学校所确定的目标上来。具体来说，就是指在具体的历史环境和社会发展条件下，将所有成员的事业心和成功的欲望转化为具体的奋斗目标、人生追求、信条和行为准则，形成广大师生的精神支柱和精神动力，共同为社会主义现代化事业而努力奋斗。学校提倡什么，鼓励什么，全校成员的注意力就转向哪里。校园文化越强有力，就越能统一全校成员实现学校发展目标的行为，就越能更快地实现学校的发展目标。

（四）凝聚功能

校园文化所包含的全体师生员工共同的价值观念、理想信念和行为规范等群体意识，就像一种精神黏合剂，可以使师生员工们产生归属感，增强凝聚力。这种凝聚功能来源于校园精神，而校园精神是学校师生共创和认同的价值观念，是大学校园文化的灵魂，它对大学师生具有无形的不可低估的凝聚力和感召力。校园精神能使全体成员团结一致、关心集体和关心学校，进而形成一种心理需求，从而增强学校成员的凝聚力和荣誉感。

（五）激励功能

校园文化强调对师生员工的尊重、关心和培养，注意满足师生员工高层次的精神需求，积极发挥其在学校建设中的主体作用。良好的文化氛围，往往能产生一种激励作用，从而使学校产生精神振奋、朝气蓬勃和开拓进取的良好风气，形成一种你追我赶的激励环境和激励机制。良好的校园文化有利于在全校成员中培育和树立共同的理想和目标，增强事业心和责任感，极大地激发出积极性、创造性，从而对学校建设作出积极的贡献。

五、高职校园体育文化的特征

（一）娱乐性和趣味性

繁忙的工作、紧张的学习，常常使人感到身心疲惫。在众多愉悦身心的方法中，参与体育活动已经逐渐成为校园群体的首选。作为一种特殊形式的文化，高职校园体育文化具有现代体育活动的一些特点，它要求人们亲自参与运动，在愉悦身心的活动中承受一定的负荷，发展自己的体能。在校园这个相对封闭的生活环境里，体育活动以其娱乐性、趣味性和可选择性等特点，成为高职学生主要的娱乐方式，它能调节人的心理、情感，丰富人们的文化生活，对增进人的健康有特殊的意义。

（二）时尚性

大学校园体育文化的主体是当代大学生，他们是引导社会潮流的特殊群体。

在人类社会进入 21 世纪的今天，健身在大学生中已经成为一种时尚，"去健身了吗"成为流行的校园语言。当代大学生是具有较高知识水平的群体，不仅能够接受传统的体育精神产品和物质产品，而且还能够吸收传统体育文化的精髓，创造并形成自己独特的体育文化。篮球、排球、足球、乒乓球、羽毛球、健美操、网球等健身活动开展得如火如荼，新兴的体育项目也悄然在学校兴起，并以其新颖性、刺激性、挑战性而受到普遍欢迎。传统体育项目和新兴体育项目大大丰富了校园体育文化，为校园体育文化注入了生机和活力。

（三）多样性

虽然校园体育文化的共性很多，但不同特质的人群还有其独特的体育文化形式，这就表现出了高校校园体育文化的多样性，这在校园体育文化的内容、形式上都有所体现。学生可以根据自己的意愿，来选择体育活动的内容和形式。在众多的体育社团中，可以选择一个或几个社团来参加，以一种或几种体育活动作为锻炼身体的方式，并且在自己感到合适的位置上扮演一个适合的角色。从体育文化的发展趋势来看，校园体育文化越向前发展，其体育文化的多样性也就越明显。

（四）时代性

文化是时代的产物，它在一定程度上反映着时代的特征，并随着时代的发展而不断发展。高等学校作为实施教育的一个机构，不可能脱离社会大环境的影响而独立存在，社会政治、经济、体育等方面的大环境对校园体育文化的形成与发展势必会产生一定的影响。例如，我国申办 2022 年冬奥会成功，"小巨人"姚明在 NBA 取得成功，等等，每一项重大体育事件都会对高职校园体育文化产生巨大影响，并成为当时校园体育文化的主旋律。

（五）共享性

21 世纪是一个高科技和信息化的时代，网络世界以其表现力丰富、交互性强、共享性好、知识组织形式更佳、更有利于知识的同化等特点，已经成为人们生活和工作中不可缺少的有益助手。传播技术的变革必将在很大程度上改变校园体育文化的格局。借助于网络技术，全球任何角落的人群都可以轻松、及时地获得各种体育信息，从而为校园体育文化的共享拓宽了道路。互联网已经使世界体育文化走进了校园，同时也使校园体育文化跨出了校门。

第二节　足球文化的内涵

一、高职足球文化的概念

为了进一步推进素质教育和教学改革，近几年出现了新的校园文化——校园足球文化。高职院校在开展校园足球活动的同时，更加注重校园足球文化的构建。狭义的校园足球文化是指学生参与的一切与足球有关的活动，包括足球比赛、足球训练等。广义的校园足球文化是指高职学生在参与足球活动中所产生的对于足球的理念、思想、看法等文化现象，属于文化的范畴。高职校园足球文化是高职校园文化与足球文化的有机结合，其核心是学生对足球价值观的共识。校园体育文化的发展推动校园足球文化的构建，高职院校有了良好的体育文化氛围，能够普及足球运动开展。校园足球文化作为校园文化构建的重要组成部分，能促进团结、拼搏、向上的校园文化构建。

《中国足球中长期发展规划（2016—2050年）》中对于培育足球文化提出了明确要求："传承中华民族的传统文化，树立健康、快乐、进取的足球理念，充分发挥足球在强身健体、立德树人方面的积极作用，让参与足球成为健康生活的重要方式。大力弘扬拼搏进取、团结协作、快乐分享的体育精神。加强诚信体系建设。积极倡导尊重规则、尊重对手、尊重观众的行为规范，不断增强足球运动的集体荣誉感和民族自豪感。注重发挥新媒体作用和足球志愿者奉献、友爱、互助、进步的精神，努力培育文明参赛、文明观赛的良好氛围，使足球运动成为传播正能量的重要载体。"

校园足球文化作为推动足球文化的重要组成部分，发挥着重要作用。高职院校的校园足球文化在不断发展，使足球文化真正成为校园的一种文化现象。校园足球文化不但注重学生足球基本技术的训练，同样注重足球精神的培养。通过足球文化的形成，培养学生顽强拼搏、积极向上的精神。

二、校园足球文化的核心

校园足球文化的核心就是学生对足球价值观的共识，其实质是足球运动的制度化、法制化、和谐化、品位化。首先，是我们的足球观念，也是核心层，就是说，我们怎么理解足球运动；其次，是基于这种理解，我们在开展足球工作过程中所采取的行为模式；最后，就是上述内容的外在表现，如联赛的标识、口号等文化载体以及啦啦队等娱乐球迷的活动形式等。

三、校园足球文化的特点

（一）提高生命活力

足球活动涵盖了跑、跳、踢、顶等多种身体运动形式，且运动强度较大，属综合性的集体性运动。从事足球竞赛和各种足球活动，有助于增进身体健康，活跃身心，增长知识，对锻炼人的综合才干起到了积极影响。足球运动能全面、有效、综合地促进身体素质和人体机能的全面发展，提高和保持人的生命活力，为人的一切活动打下坚实的身体（物质）基础，从而提高生活的质量。

（二）促进心理健康，提高社会适应能力

足球运动号称"世界第一运动"。足球活动过程中充满着教育因素的丰富内容，它能有效缓解工作压力，能在良好的竞争环境中培养健康的心理适应力和承受力，调整及维护参与者的心理健康水平。同时，足球作为集体项目的杰出代表，在增加交流和友谊的同时，更能有效地培养团结协作的集体主义精神等良好的体育道德，帮助参与者正确理解和处理好个人与集体、竞争、合作的关系等。

（三）促进个性的发展和完善

通过练习和比赛的过程，能使参与者的个性、自信心、情绪控制、意志力、进取心、自我控制与约束等方面都有良好的发展，以及培养团结拼搏、努力协作、文明自律、遵纪守法、尊重他人等的良好道德品质和集体主义精神。

四、校园足球文化的功能和作用

（一）培养学生创新能力

足球活动是一项创造性的活动，每个学生都可以通过自己的方式展现自己。足球比赛有一定的规定和技战术，但是面对场上的情况，学生可以自由展现自己的技术，根据情况随时变换。这些都需要学生发挥自己的创造性去应对场上出现的问题。校园足球文化能够培养学生创新能力，对于学生的全面发展，包括创造力、想象力等都起到积极推动作用。而创新能力的培养是现代大学生培养的关键，是塑造全面人格的基础环节。校园足球文化的建设凸显独特的作用，是高职院校教育教学改革过程中不可或缺的一部分。

（二）推动校园足球的开展

良好的校园足球文化使学生不断接受足球文化的滋养、熏陶。不断地加深对于足球运动的理解与认知。通过对足球的认识，会提高学生参与足球运动的积极性，使参与足球运动的学生人数逐渐增多，筑造校园足球的基础。更多人参与，更多人热爱，是校园足球开展的目的之一。校园足球文化能够带动学生的热情。当学生享受足球氛围，会激发他们的足球运动热情，吸引学生走到操场上，积极主动参与体育锻炼，逐步培养和发展学生从事足球活动的能力和自觉性，认识到足球运动的作用与价值，让足球运动成为生活的一部分，从而促进校园足球的开展。

（三）有利于学校物质文化建设

通过开展校园足球比赛和活动，逐步发展校园足球基础设施建设，包括足球运动器材、足球场地的修建，以及足球知识宣传窗建设，足球校报校刊创建等一系列与足球文化有关的物质方面建设。足球文化的形成是循序渐进的，要让学生认知足球运动，再到参与足球运动成为一种习惯。在这个过程中，学校以及老师需要付出更多的努力，在学校足球物质方面加大投入力度，扩大足球宣传规模，从而促进了学校物质文化的特色性，推动学校物质文化建设。

（四）有利于学校精神文化建设

足球运动能够促进当代大学生的全面发展。培养学生心理、身体素质的提高。形成团队精神、合作意识和全局观念。当足球文化真正成为高职校园文化的一部分，足球文化在滋养、熏陶每位学生，加强学生精神文化生活。除了赛场内，对于学生精神的培养，学校开展的校园足球活动也在潜移默化地转移到学生的日常生活中。

校园体育文化的宗旨主要是培养学生体育精神、体育意识和体育技能，提高体育文化素养，增进学生身心健康，并在此宗旨的指导下开展多种多样的校园体育文化活动。而校园足球文化作为校园体育文化的一部分，能够培养学生的足球理念和文化素养。体育精神是指体育运动中所蕴含的对人的发展具有启迪和影响作用的有价值的思想作风和意识。体育精神是体育运动所孕育出来的意识形态，它超出了体育运动本身，内化为人类心中的一种信念和追求。体育是一种国际语言，人们不需要解释、不需要翻译，就可以自由交流。体育为世界和平作出了自己的贡献，如奥运会承载了友谊与和平、公平与公正和关爱与尊重等精神内涵。体育精神让人们之间更容易沟通，让合作更加广泛。

五、校园足球文化的意义

（一）对于校园文化建设的意义

在传统的足球比赛中，队员需要充分发挥自己的创造能力和挑战极限的拼搏精神，并且实现良好的团队协作和裁判保持公平公正的态度都是当今社会每个人都必须具备的文化素质。正因如此，足球对人的思想引导作用可以充分运用到校园文化建设之中，从而构建全方位育人的独特文化氛围。将足球文化应用到校园文化的建设中，可以在提高学生身心健康的基础上，充分培养学生团结合作、公平竞争的品质，进而树立民族自尊心和自豪感。尤其对于振奋学生的精神态度、增强其集体凝聚力、促进他们的道德水平都有着不可替代的推动意义。

（二）对于校园文化教育的意义

作为提升和促进校园文化建设的全新组成部分，将足球文化引入校园文化并使之成为重要的构成要素，可以充分营造学校独特的文化特点。足球作为当代体育文化发展不可替代的载体，不单单可以实现促进健康的作用，还能够让人类通过足球运动所必备的公平竞争、团队协作的要求基础上具备并提升自己的道德水平。这不仅包括自尊自重、尊敬他人、自强不息、奋斗不止的高尚道德水平要求，还包含了人与人之间的相互沟通交流、团队配合的集体主义精神，这都符合当今人类，尤其是中华民族所必备的人文精神。

所以，在校园中营造足球文化氛围，已经不单单地涵盖了包括足球在内的体育知识传播，更可以让学生掌握保持身心健康的方法，在修身养性的基础上拥有外向开朗的性格，活跃校园文化氛围。另外，学校还可以通过组织包括足球、体育在内的多元化校园活动，培养学生的多重能力，激发他们的参与热情，同时对学生的人格完善、正确的价值观形成也有着能动作用。进而使学生在积极进取的校园足球文化感染中锻炼个人意志，情操获得陶冶，最终实现文化教育的有效提升。

（三）对于校园人文教育的意义

足球文化在发展的过程中，产生了大量符合当今社会发展要求的人文精神。营造浓郁的校园足球文化氛围，可以实现学校精神力量的有效维系，从而在确立校园的人文精神、促进学校精神文明建设、营造富有本校特点的人文教育和氛围都有着积极的推动意义。对此，学校必须合理运用足球文化资源，引导并鼓励全体师生通过校园足球文化活动的参与，对社会、自然拥有了解和必需的接触，进而培养学生团结协作、奋勇争先、乐观自信、客观理性的人文情怀。

（四）利用足球培养学生综合能力

首先，利用足球运动进行学生学习能力的有效开发，可以充分激发学生的求知欲。由于足球运动的战术应用本身就是一个主动性和创造性相结合的过程，因此借助足球运动和足球文化，学校可以有效培养学生发散思维能力，并通过创新意识和水平的提升发展学生的个性。

其次，足球在比赛和运动的过程中可以充分展示人的艺术美，因此足球文化可以让学生通过足球运动展示和欣赏人体自然美的同时提高审美水平。不仅如此，由于足球在比赛和对抗的过程中还会展现出娴熟的个人技术和默契的战术配合，这些技艺不仅可以让学生获得美的享受，更可以得到心灵的感染的灵魂的熏陶。

第三，由于足球受到众多学生的推崇和喜爱，因此足球运动可以在培养他们的个人兴趣同时树立终身锻炼的意识。另外，营造浓厚的校园足球文化氛围还可以让学生提高学习的主动性，以此掌握一技之长，对于未来人生获得多方面的成功带来可靠的保障。

总之，营造校园足球文化不仅可以提高学校整体健康向上的精神风貌，对于增加学校的人文气息也有着积极的意义。因此，学校应当通过创建足球文化实现素质教育的有效落实和贯彻

第三节　高职校园足球文化的构建

一、高职校园足球文化的现状

据调查发现。现阶段，体育运动作为一门学校的基础性课程. 在校内并没有享受到与其他文化类课程同等的地位，足球文化的发展情况可想而知。而这种情况的出现很大程度上与我国早已根深蒂周的教育理念有关。

（一）足球运动基础设施使用不当

作为足球运动发展情况的深层次体现。足球文化在很大程度上影响并制约着校园足球运动的发展。尤其是近年来我国足球比赛的连连失利，严重影响了校园足球运动的发展。据调查发现，城市很多拥有足球场地的高职学校，很少真正实现场地的最初意义。组织学生开展足球运动为极少数情况，足球课程教学质量可想而知，足球文化发展严重受阻。

（二）校园足球文化发展环境欠佳

从学校的角度来看，足球课程虽然是基础性课程，但与其他文化课程相比，明显处于弱势地位。这样一来，开展足球运动的平台就很有限。其次，从学生的角度而言，有限的课余时间大部分被文化课程占据，因此对足球了解程度不够，也就无法产生兴趣。

（三）足球课程教学模式落后

由于足球课程得不到重视，只有少数同学出于兴趣主动了解足球运动。在这样的环境下，学生的主体性得不到有效发挥，在一定程度上影响了足球课程的正常教学，致使部分足球教师思想日趋保守，课程组织形式呆板，缺乏创新性。

二、高职足球文化发展中存在的问题

1. 高校对足球文化的传播不重视

足球文化是足球运动发展程度的真实反映，一个国家的足球运动水平影响着足球文化的发展。近年来，我国足球水平大幅度下降，这也影响了足球运动在校园的普及。长期以来我国高等教育将教育的重点放在文化课的学习上，对体育课的重视不够，体育课成了教学中的负担，没有得到领导的重视。兴建足球场地的费用相当高，学校领导很少有将大量的经费投入到足球运动发展中来，简单地认为足球文化的传播就是上场踢足球，不了解足球文化传播的意义，这是大部分高校足球运动的现状。领导对足球运动的不重视，也导致了足球文化传播的缓慢。

2. 高校足球运动普及度不高

足球运动在高校中的普及度不高，有的学校甚至没有一块属于自己的专用足球场地，足球运动没办法开展。即使学校有属于自己的足球场地，足球场地在周末和平时也经常被学校出租给社会上的球队进行比赛，学生在平时没有场地进行足球活动。学校也很少组织学生进行足球比赛，为了避免学生在比赛中出现意外事故，有的学校还明文禁止学生自己组织足球比赛，使足球运动的开展受到了很大的影响，足球文化的传播也受到了制约。

3. 高校足球课教学开展不利

对我国高校足球教学的现状进行分析，当前足球教学受到场地、器材、师资力量、学时的影响较为明显。在学校往往是一块足球场地，四五个班级一起进行体育课教学，一个班级 40 人仅有两三个足球供使用，教学场地设施的缺乏严重影响了教学的正常开展，由于一部分足球教师的教学方法相对比较呆板，激发不起学生的学习兴趣，因此，足球课就成了"放羊课"。学生进行自由活动，足球技术水平得不到提高，教学中足球文化的传播渗透也不够理想。从整体上来讲，高校足球课程开展不好，足球文化在教学中的传播较少。

三、校园足球文化构建的重要性

校园足球文化的发展，不仅能够带动足球发展，而且能够给在校学生提供一个很好的足球文化氛围，激发学生的足球运动热情，以此促进足球运动的可持续发展。

（一）创造良好的足球文化氛围，激发学生的参与热情

足球运动深受学生喜欢，如果能够在学校范围内营造一个很好的足球文化氛围，不仅能够使学生得到充足的锻炼，而且能够激发学生的参与热情。学校可以通过各种形式丰富学生们对足球的理解。在这个过程中，能够加深学生对足球的理解。

（二）营造浓厚的足球文化氛围，构建积极向上的校园文化

作为校园足球的主要参与者，浓厚的校园足球文化氛围能够使学生积极参与到各种形式的足球运动中去。在运动中，不仅能够增强学生的身体素质，而且响应了国家的号召，是构建阳光向上校园文化氛围的重要组成部分。

（三）培养学生对足球的兴趣，促进足球运动的可持续发展

当前我国职业足球人才的选拔模式还是继承以往的从体校或者专门的训练队挑选足球后备人才，这种模式过于因循守旧和片面。构建校园足球文化，从学生的角度而言，能够加深自己对足球情感上的理解与认同，从而在参加足球运动的过程中，更加深刻地体会到这项运动

四、高职校园足球文化构建的内容

（一）以学生运动健身为基础

足球运动就体育运动的分类学而言属于综合性运动，这是因为其运动内容结构多元性和竞赛过程多变化性、综合化特点而决定的。高职学生参加足球运动有助于增进身体健康，活跃身心，增长知识，对锻炼人的综合能力也有积极影响。校园足球文化的构建应以运动健身为基础。从生命学的角度而言，适量参加足球运动，势必对促进人的生理机能，心理修养，特别是对提高内脏器官和感受器官的功能、中枢神经系统的支配能力、提高身体的生命基础水平、增进健康以及发展灵敏、速度、力量、弹跳等身体素质起着积极作用。在教学过程以及文化塑造的过程中，让学生充分认识到足球运动的健身价值。

（二）以学生道德工作为重点

足球运动是一项集体项目，团队精神、集体合作和全局观念在足球运动中是不可缺少的。无论是竞赛或教学都能通过足球运动项目的特点来培养学生团结友爱的集体主义精神。同时，足球比赛有输有赢，通过正确引导和教育可以培养学生胜不骄、败不馁的好作风；可以培养学生坚韧不拔，吃苦耐劳的顽强意志品质和勇敢果断、不怕困难和敢于拼搏的精神，从而达到对素质教育中"德"的目的。

（三）以学生个性发展为延伸

传统的足球教学模式，内容枯燥无味，方法单一呆板，会降低学生的学习兴趣，动摇学生的足球学习动机。只有使用新颖丰富的教学内容，生动活泼的教学方法，尊重学生的个性发展，才能引起学生的注意，不断使学生获得新知识，得到精神上的满足，从而激发他们学习的积极性。寓教于乐是校园足球文化教育功能的延伸，通过足球文化构建，促进学生个性发展。陶冶大学生的思想道德情操，培养良好的个性品格、培养高雅的审美情趣，有利于大学生的身心健康发展。

五、校园足球文化的发展策略

校园足球文化的发展首先应该从思想上重视，树立一种健康向上的足球文化理念，以此保证足球运动的持续健康发展。

（一）保证校园足球运动健康发展，树立校园足球文化理念

足球文化的可持续发展首先应该从制度上加以保证。在校园足球的发展过程中，首先，应该有制度上的保证和能够健康发展的管理环境。其次，要从思想上将学生的成长、成才与足球运动的有序发展联系起来。学校可以定期开展足球比赛活动与之相关的文化活动，使每一位在校学生都能够了解并热爱足球这项运动。

另外，学校应加强能够促进足球运动发展的场地建设，提供舒适的硬件条件让学生能够参与到足球运动中去。这样浓郁的足球文化氛围，能够促使学生更加喜爱并参与到足球运动中去。多组织一些校内外的足球比赛，使学生掌握更多的足球技巧，不断提升自身综合能力，在比赛中，不断提高自身团队合作意识，促进足球事业的可持续发展。

（二）积极开展校园足球赛事，全面提高学生综合素质

组织开展校园足球赛事也是积极响应国家阳光体育的号召，结合地区特点和学生自身实际情况，有序开展足球运动赛事，并在舆论上加以有效引导，能够使每一位参赛学生都能够切身感受足球运动的良好氛围，加深对足球的理解，从而全面提升学生综合素质和水平。为提高学生比赛技巧，有条件的学校可以聘请专业的足球教练、裁判，指导学生进行专业化的训练和比赛，对一些有潜力和天赋的学生，可以在父母的支持下重点培养。

（三）加强足球的外在文化设计，努力营造良好的校园文化氛围

一个学校日常的文化氛围对学生内心文化思想的形成具有潜移默化的影响。所以，学校在努力构建校园足球文化的过程中，要花大力气在这方面下功夫，要提高足球在学生心目中的位置。首先，要使足球能够吸引学生，进而引导学生参与到足球运动当中去。例如，很多学校在组织足球比赛的时候，通过张贴宣传栏或海报的形式让学生自己发挥特长，给他们提供一个展示自我的平台。构建健康的校园足球文化对促进足球事业的大发展有深远的影响，学校应该结合自身特色，有针对性地开展这项建设。要在建设健康校园足球文化的过程中，保证学校各项秩序的有序开展，机动灵活地开展校园足球运动，不仅提升学生的足球运动技巧而且带动综合素质的提高，这也是构建校园足球文化的目的所在。

六、高职校园足球文化构建的措施

（一）建立完善的校园足球管理体系

在校园足球文化的机制建设中，制度的顶层设计至关重要。应建立校园足球工作组织体系，成立由校长任组长，副校长、体育组长任副组长的小学校园足球工作领导小组。

足球领导小组设以下机构：① 教学管理部：副校长全面负责足球进课堂的相关日常管理工作；② 专业培训部：负责足球专项教师、学校体育教师等相关人员的专业培训；③ 竞赛组织部：负责各种比赛与活动的组织；④ 信息宣传部：信息教师负责信息收集和宣传工作。

与区校园足球三年行动计划相配套，足球领导小组制订了校园足球三年行动规划，明确以足球特色作为学校体育工作的抓手，校长督促检查各项体育工作，副校长直接主管学校足球工作，全方位统筹足球教育教学各项活动，并将足球工

作纳入学校年度工作计划中。

在完善的机制保障下，学校体育组、外聘足球专项教师负责开展校园足球具体工作，落实学校的足球三年行动规划，进行校园足球的日常管理，对年度校园足球工作进行总结和表彰。

（二）协调各种资源确保工作开展

足球工作的顺利开展离不开教育局和体育局的大力支持，在学校获得了区教育局支持的足球活动启动经费后，学校应制订详细的资金分配计划，将资金分别用于：① 足球设施器材的补充、改善、租赁、日常维护、维修费；② 外聘专家、足球教练员、裁判员、足球指导员、场地工作人员劳务费；③ 开展足球竞赛活动费；④ 教师培训相关费用；⑤ 运动员保险、服装、注册、报名等费用；⑥ 全体学生与足球相关的评优奖励等。

资金的合理分配极大地推动了足球的物质文化建设，做到了人人有足球，人人会踢球，人球对号。此外，学校还可开辟专门的足球器材室，购买充足的足球训练器材，具有标准化的 5 人足球场，为足球工作的顺利进行做好了物质准备。学校还应具备专业的体育教师和足球专项教师。

一些体育比赛可以以校长签名的足球作为奖励。对于个人获得者，解决了孩子在家无球、不能进行足球练习的困难；可以班级获得者，需要班中人人积极参与，共同获得，提高了班级凝聚力，充分体现了学校立德树人的教育方针。

（三）以校本课程建设推动普及

学校把"足球"纳入校本课程，每班每周开设一节足球课，结合低、中、高年级段学生特点进行授课，研发校园足球课堂教学模式，切实做到让足球走进学生心里，走进课堂，调动了全体学生参与的积极性。

低年级以足球游戏为主，培养学生的球感和对足球的兴趣；中年级以个人技术为主，提高学生的运动能力和足球技巧；高年级以战术配合为主，培养学生的团队精神和合作意识。

遇到风雨、雾霾天气，学校应坚持进行足球常规教学，在室内上足球理论课，使每位学生逐渐感受懂足球、玩足球、踢足球的快乐，提升小组协作能力和心理抗压能力。足球专项教师在区级教材的基础上结合本校学生实际，研发出足球校本教材。学校聘请的专业教师创编了校园足球操，实行全校普及。在每一次活动中，都要有学校"足球啦啦队"和"足球宝贝"的精彩表演。

校园足球文化，不仅体现在制度、物质与行为层次，更包含精神文化，它对学生的影响是深远的。精神文化建设要有相应的载体和具体的路径，与学科融合，足球文化进课堂，学校已经将足球文化路径全面拓展开来。

（四）营造良好的校园足球文化氛围

文化氛围是一个组织乃至国家建设展现出的精神状态，对于个人的成长和发展十分重要。校园足球氛围是一所学校足球发展的良好精神面貌，展现浓厚的足球气息需要加大足球宣传，让足球文化遍布校园的每个角落。营造良好的足球文化氛围需要师生的共同努力，共同营造。拥有了足球文化氛围，校园足球文化的构建便有了深厚的发展基础。

（五）开展足球文化活动

校园足球文化的构建除了教授学生足球基本知识，还需要开展丰富多彩的校园足球文化活动。通过足球文化节、文化周、文化社团等形式，在校园里形成浓厚的足球氛围。足球文化活动是校园足球文化的重要载体，对于构建足球文化，开展足球活动、培养学生的足球兴趣有积极的推动作用。

（六）加大足球文化宣传力度

校园足球文化氛围是一种文化现象，由全校师生共同营造。在营造校园足球文化氛围的过程中，对足球文化的宣传与传播至关重要。学校需要加大对足球文化的宣传力度，文化建设是多渠道、多形式的，而不是一味地通过足球理论课程的开展向学生灌输足球思想与理念。利用文化宣传，引导更多人关注校园足球文化建设，学生在接受足球文化的过程中，能够加深对足球文化的认知与理解，自觉养成对校园足球的认同感。

（七）培养学生足球兴趣

爱因斯坦有句名言："兴趣是最好的老师。"对于校园足球文化的构建，培养学生的足球兴趣，在教学中，教师从思想上和意识上应给予积极的鼓励和肯定，在教学手段和教学方法上要采用新颖的方式，使学生产生兴趣，从而引发学生求知的欲望和主动参与足球运动的兴趣。这是足球文化构建的关键部分。当学生有了浓厚的足球兴趣，全校就会形成良好的足球氛围。

（八）加大支持力度，积极完善与校园足球相关的各项制度

政府和有关部门可利用寒暑假期选派有潜力的体育教师们到一些足球发展较好的国家去学习，因为只有掌握了先进理念和技术，教练员才能更加清楚、明确地认识我国现在足球运动事业的发展状况，科学地指导学生们进行训练，才能真正促进足球运动人才的培养，全面提高我国青少年校园足球的运动水平。青少年校园足球文化建设得不到发展和进步，究其根本就是在于各级领导的重视程度不够。学校领导应该加大对校园足球文化的支持力度。例如，学校可以成立专门的足球协会并配有专业足球老师进行指导；鼓励学生自行组织与足球有关的活动和赛事，号召全校师生参与进来；可以根据比赛建立一系列相关的奖励制度，参与比赛的学生可以得到一定的加分和奖励并得到更好的指导，教师对学生的训练时间和指导比赛时数均可作为工作量。学校应完善校园足球文化的各项制度，教师和学生要严格遵循学校规定。

（九）增加经费投资，合理分配资金

目前国家体育总局对地方校园足球的开展给予了大量的资金支持，但是这些款项在具体到学校时却杯水车薪。据调查，适合中小学生开展足球活动的场地仅占 40%，在一定程度上影响了校园足球文化的开展。据了解，我国中小学校的运

动场多数是小场地，条件差一些的是在土地上踢足球，除了一些改迁郊区的新校院外，城区内的中学有标准的足球场地的不多，一些地方上的足球场只是随便建造，而且各种运动设施掺杂在一起，有的场地设施老化，很容易造成学生运动伤害。学校可以寻找一些企业赞助和投资校园足球，促使校园足球得到进一步发展和扩大。除此之外，无论资金多少，学校都应该合理支配，节约开支，把资金用在该用的地方。

（十）举办校园足球活动，为学生提供良好的足球文化氛围

要让青少年多融入足球中就要尽可能多地举办有关校园足球文化的活动，让学生沐浴在浓厚的校园足球文化氛围中。学校可以安排两名专职体育教师负责教职工足球俱乐部及学生足球协会的筹建，完善足球协会机构，鼓励学生自己开展活动，如校级友谊赛、教职工交流赛、班级联赛、裁判员培训、足球讲座等。这样可以营造良好的足球文化氛围，让更多的人了解足球。学校也可以创办和发展学校足球文化节，大力弘扬和宣传足球精神。在举办校园足球活动时，老师们也可以参与进来和同学们一起进行足球活动，引导学生营造更好的足球氛围。在举办学校文化节的同时，可组织足球知识竞赛、足球才艺表演、年级足球师生联赛等活动。这样不仅丰富了校园文化，而且丰富了老师们和学生们的课余生活。

（十一）建立青少年校园足球文化建设的奖惩制度

要想更好地开展校园足球活动，建设青少年校园足球文化，并为社会培养更多的青年优秀人才，政府和相关部门还需对校园足球文化建设进行检查和评估，可通过对各地相关足球赛事进行实地考察和研究，并根据调查结果制定出针对校园足球文化建设的奖惩标准和制度，对一些做得较好的学校进行奖励，对一些做得不好的学校进行指导和帮助，还可以奖励成绩突出的球队。当学校组织校园足球活动和比赛时，由学校相关部门进行监查监督，可以将照片、秩序册、运动员名册、成绩册等实物作为依据，采取定期检查与不定期抽查的形式监督。对表现突出的球队和队员进行奖赏。制定校园足球评估标准有一定的引导作用和规范作

用；奖惩制度的建立能够促进校园足球文化建设更好地发展，为国家培养人才，为社会培养栋梁。

第四节　高职校园足球文化的传播

校园足球运动的发展，离不开校园足球文化的普及、传播与发展。通过校园足球文化的引领与熏陶，让更多的青少年学生积极主动地参与到足球运动中，丰富校园文化生活。为了推动校园足球的全面发展，以推进校园足球文化为工作重点，积极营造学生普遍参与阳光向上的校园足球文化氛围，努力打造属于学生自己的校园体育文化体系。通过校园足球文化的影响与传播，建立校园足球文化的传播渠道，构建校园足球社团的沟通方式，推动校园足球文化的体验活动，发展校园足球文化的竞赛组织。在此基础上，充分发挥校园足球榜样的同辈激励作用，将校园足球文化融入学生学习与生活，激励更多的学生积极参与到足球文化的体验中。让学生在"踢起来、写起来、唱起来、跳足球、说足球、画足球"的同时，通过不同的形式参与到校园足球中，去享受足球、热爱足球。充分发挥校园足球的育人功能，全面提升学生的综合素养，让校园足球真正成为学校体育改革和深化素质教育的突破口。

一、高职校园足球文化的传播思路

（一）注重"以人为本"的足球文化传播理念

20世纪以来，人类发展观是由"以物为中心"向"以人为中心"的重大思想转变进程，并由此提出对"以人为本"作为21世纪体育发展发展理念的背景和基础作出客观判断。事实上，各国对体育人才培养的模式无不体现出"以人为本"这一思想，而体育文化的传播也应遵循这一理念。校园足球文化对学生的思想情感和行为规范具有直接的导向作用，也是校园文化建设的重要组成部分。在高职院校足球文化传播中，应注重树立"以人为本"的文化传播理念。科学发展观的核心是以人为本。对于足球文化传播来说，"以人为本"理念的价值蕴涵主要包括：足球文化传播以受众为出发点和落脚基石，足球文化传播弘扬热爱生命、健康　生活的人文价值观，足球文化传播的根本目的在于促进整个人类的和谐健康发展。因此，在高职足球文化传播过程中，应注重构建合理的体育价值观，通过树立和完善"以人为本"的传播理念，关注高职学生的身心健康发展。其中，既有教育引导，也有激励鞭策，并有对个体生命的尊重理解与珍视关爱。通过多种途径，切实将"人"放在本的位置上，凸显审美关照，也只有这样，才能更充分地发挥足球文化传播的人文蕴含，弘扬人文精神，促进体育发展和文化繁荣。

（二）建立多种方式的足球文化传播模式

高职校园体育文化的传播应呈现多样性，也可以借助传统媒体和新媒体技术手段进行传播。多渠道的传播模式是有效推进高校足球文化传播的重要一环，具体而言，这些方式主要包括：加大宣传力度，充分利用现代信息技术的优势资源，扩大　影响的范围。例如，在学校网络、广播、电视、校报等重要板块、重要栏目深入宣传足球运动与文化活动，以及建立以"足球"为主题的微信、微博和QQ群，及时发布和讨论相关信息与话题，加快足球文化的传播速度。此外，还可以通过校园足球体育社团、校园足球体育文化节等方式，拓展足球文化的传播空间，如定期举办足球摄影展、足球绘画展，以及在校园文化节中开展以"足球"为主题的知识竞赛和演讲辩论赛，营造出良好的体育文化氛围。当然，除了这些课外的传播渠道，足球文化的传播同样需要与课内渠道有机结合，如加强足球体育课程的建设，进行课程的改革与创新，教材的编写与规范，等等。

（三）构建有效的信息平台

足球文化传播，要想取得长足进步，离不开传播信息反馈平台的建立，而这也是促进足球文化更好传播发展的重要途径。高职院校要注重建立足球信息平台，通过这样的平台，让学生有充分发挥的空间。文化的构建是每一个学生文化素质的集中体现，学生要各抒己见，充分展现自己的文化才能以及对足球的认识，在平等互动的平台中营造良好校园足球文化氛围。

（四）校园足球文化传播要传递正能量

体育文化传播具有价值观念的构建功能，通过体育媒介的传播及其产生的相应文化传播效力，能够推动社会文化的发展与进步。因此，在高校足球文化传播过程中，应注重以弘扬中华民族体育精神为主线，传递正能量。中华民族体育精神作为中华民族在千百年的历史实践活动中所形成的重要财富和珍贵遗产，也是社会主义核心价值体系的重要内容。其要旨就是爱国主义，其中还包括积极向上的精神力量。在足球文化传播的内容上，要注重通过足球运动这一媒介与载体，大力宣传与弘扬爱国奉献、拼搏进取、乐观自信、互助宽容、团结友爱的中华传统美德，形成良好的体育道德风貌，让健康的足球体育文化成为社会健康发展的新时尚，并不断推动中国梦的早日实现。

二、高职校园足球文化的传播价值

（一）社会价值层面：足球文化传播与高校形象构建

随着经济社会的发展，已经有越来越多的人认识到体育文化传播对于国家和城市形象建构所具有的重要意义。足球文化是体育文化的重要一脉，对于高校形象构建的意义同样重要而深远。足球拥有"世界第一运动"的美誉，是全世界最具有影响力的体育运动之一，在高校也深受广大学生喜爱和热捧。通过足球文化的传播，可以满足大学生对民族文化的价值认同和归属感，并产生一种足球文化保护与传承意识，这对高校文化建设工作意义非凡。足球文化的传播可以有效助力高校校园和谐健康友爱氛围的形成，培养青年学子积极向上与朝气蓬勃的文化精神面貌。同时，通过传播可以实现自我增值，不断扩大与其他高校的交流合作，提升影响力。也正是在此意义上，可以说足球文化的传播，已经成为高校形象的重要展示窗口，是高校发展不可或缺的动力源泉。因此，高校教育工作者，应注重充分挖掘足球文化的优势，通过交流传播，构建强大和完美的高校校园形象，不断提升高校文化软实力。

（二）精神价值层面：中华民族体育精神的弘扬与传播

中华民族体育精神是中华民族在长期的体育实践中所形成的重要遗产和宝贵财富，也是中华民族风范的重要体现，其核心内容包括爱国奉献、拼搏进取、平等友爱、团结协作、乐观自信等。通过足球赛事和足球活动的开展，传播足球文化，可以有效激发和增强大学生的向心力与凝聚力，传递出积极向上、拼搏进取的精神面貌，培养友爱和谐的氛围，并将对足球的热爱上升到对中华文化的热爱与认同，增强对中国传统文化的自豪感和认同感。因此，高校在校园文化建设过程中，应注重通过足球文化的传播，传递正能量，丰富和完善社会主义核心价值体系，继承优良传统并弘扬中华民族体育精神，使中华民族传统美德不断发扬光大。

（三）健康价值层面：增强体质，身心和谐发展

足球运动是一项全面发展的运动项目，作为全球第一大运动，深受学生喜欢。经常参加足球运动，可以全面提高人体的速度、耐力、柔韧等身体素质，并使人体呼吸系统、心血管系统等得到改善。从身体条件来看，参与足球运动能够使全身机能得到锻炼，体质得到增强，并且对抗较强。从身心健康发展来看，足球运动比较激烈，需要有坚强的毅力和良好的团队精神，因此，参与足球运动能很好地培养运动员吃苦耐劳、百折不挠的精神和团队合作的意识。所以足球体育

运动的开展，可以传播出积极向上的健康价值，而这些对于促进人体身心和谐发展、增强体质都是大有裨益的。

（四）教育价值层面：高校德育与思想政治教育的有机交融

足球文化传播的深层价值，还体现在高校德育与思想政治教育的有机渗透融合体。足球运动不仅可以满足参与者的健身娱乐需求，同时足球运动所体现出来的重在参与、勇于拼搏与团结互助的精神气度也是对大学生进行道德教育和思想政治教育的良好素材。因此，从这个意义上说，足球文化不仅是一种学习文化，更是一种教育文化。通过足球系列活动的开展，培养学生坚韧不拔、迎难而上的坚强意志，让他们懂得宽容忍让，学会合作互助，具有乐观开朗的健全品格，并鼓励他们在进取中不断成长，在失败中不断奋起。此外，由于足球运动是有统一规则和约定俗成规定的身体技能活动，可以使参加者受到纪律和规章制度的约束，因此可以让学生在潜移默化中养成遵纪守法的习惯，具有调控自我言行的能力，不断提升自身素质，促进其更好的成长与发展。

（五）人文价值层面：自由、平等与互助的人文关怀

足球文化的传播不仅向人们展示了足球运动的信息，同时也传递出足球文化的力和美。在绿茵场上，在足球运动中，运动员们挥洒汗水，以自由平等、互助友爱的拼搏方式诠释人与人之间真诚的人文关怀，人们从中可以清晰地把握到足球本身的人文和艺术魅力，而这无疑是情感沟通的重要渠道，对于促进人与人之间和谐关系的形成具有重要意义。足球文化传播出来的人性关怀和力量之美有利于学生人文修养与综合素质的提升。在和谐互助氛围的熏陶中，养成学生自信自强自尊的优秀品质，形成更加科学的人生观、价值观和审美观，以更加积极的姿态投入到学习和生活中去。这种自由、平等与互助的人文关怀对于高校校园文化建设也是非常重要的。总而言之，足球文化是高校文化软实力和校园文化建设的重要内容，引导和促进足球文化的交流与传播，弘扬体育精神，推动高校和谐发展，是每位教育工作者义不容辞的时代使命。

第五章
高职校园足球运动可持续发展研究

加快发展校园足球是贯彻党的教育方针、促进青少年身心健康的重要举措，是夯实足球人才根基、提高足球发展水平和成就中国足球梦想的基础工程。近年来，高职校园足球事业取得了积极进展，体制机制不断完善，发展模式不断创新，校园足球定点学校达到 5000 多所，举办各种比赛 10 万多次，青少年足球人口不断扩大。但总体上看，高职校园足球发展还比较缓慢，发展不平衡，存在普及面不广、竞赛体系不健全、保障能力不足等问题。针对高职校园足球发展中存在的诸多问题，主管部门以及高职院校要有促进校园足球长远发展的谋略。

第一节　高职校园足球运动的反思

一、校园足球的发展成果

北京奥运会的成功举办，唤起了全国各族人民对体育运动的热情，使奥林匹克精神在人民心中扎根开花，有力地促进了我国体育事业的发展，尤其是为我国学校体育工作和全民健身事业发展创造了契机。

北京奥运会后，校园足球被真正提上日程，足球运动在校园广泛开展。学校已经意识到了校园足球运动在促进素质教育方面的积极作用，很多地区的体育与教育部门进一步加强沟通合作促进校园足球的开展。经过近几年的开展与普及，校园足球运动已经取得了初步发展成果。

参与校园足球的学生逐年增多，国家以及各省市、县、学校每年都会定期开展校园足球比赛，开展中小学和高校足球联赛，不断提高学生足球运动水平，培养后备人才，夯实足球运动基础。如今，"校园足球"工程的开展已初具规模，校园足球的理念日渐深入人心。同时，"校园足球"工程的开展得到了国际足联的认可，国际足联主席还亲自为中国颁发了"足球发展奖"。

国家以及各地方教育与体育部门高度重视校园足球活动，每年都会出台鼓励与支持校园足球运动开展的政策性文件，为校园足球工程提供政策保障。各地中小学把足球列入体育课教学内容，加大学时比重。以扶持特色带动普及，对基础较好、积极性较高的中小学重点扶持。完善保险机制，推进政府购买服务，提升校园足球安全保障水平，解除学生、家长和学校的后顾之忧。加强足球特长生文化课教学管理，完善考试招生政策，激励学生长期积极参加足球学习和训练。允许足球特长生在升学录取时在一定范围内合理流动，获得良好的特长发展环境。扩充师资队伍。通过培训现有专、兼职足球教师和招录等多种方式，提高教学教练水平，鼓励引进海外高水平足球教练。除此之外，国家加大了资金投入，建设高水平足球特色学校，加大基础设施建设。校园足球在全面普及的同时，全面促进了学生身体健康，提升足球运动水平。在校园足球联赛中，比赛水平与对抗激烈程度与之前相比，有大幅度的提升，进一步反映了校园足球改革取得的成果。

经过几年的工作普及，目前，校园足球定点学校有 5000 多所，参与校园足球的学生有 270 余万人。2016 年举办学校四级联赛超过 10 万场。2017 年扶持建设 2 万所左右足球特色学校、200 个左右高校高水平足球队。

（一）从日常学习生活角度分析

我国许多高校的课程设置中都会安排大量的专业课课程，学生的大部分时间都会花在与专业相关的科目上，而且许多高校在晚间都会安排统一的自习或选修课程学习，周末又会有部分学生外出兼职，因此高校学生实际能够真正投入足球运动的时间并不多。大部分学生为了顺利毕业，都会将学习摆在首要位置，因此足球运动与日常学习发生冲突。如何处理足球运动与日常学习的关系也成为高校足球推广的重要问题，也在一定程度上制约了高校足球运动的推广。

（二）从高校管理角度分析

从校园管理及安全管理角度来看，许多高校的主管领导大多不支持开展大型的足球联赛活动。由于足球这一竞技体育项目有着高速度、高对抗的特点，在比赛过程中极易出现各种伤害事故，校级领导往往怯于面对家长的指责而限制着学生参与足球运动。另外，裁判如果在激烈的足球对抗比赛没有足够的掌控也很容易引发比赛矛盾的激化，进而出现群体斗殴情况的出现，严重的甚至会导致学校声誉受损。因此，校级政策支持的缺失，也在一定程度上限制了高校足球运动的大范围推广。

（三）从高校客观环境角度分析

高校学生大多处在青少年时期，对于足球运动有着天生的热情和兴趣，也正是因为学生自身对于足球运动的喜爱使得高校足球运动能够得到持续推广和发展。近年来，国家对于欧洲顶级体育赛事的转播，驱使越来越多的高校学生主动地参与到足球运动中，成为推动足球运动发展的关键因素。我国高校内部及高校间都会组织各类足球比赛，并且通过足球课程的设置，都成为促使学生将对足球的关注转化为练习足球的根本动力。但在足球比赛过程中，足球队员都会承担着比赛成绩的压力，因此难以以放松的心态迎战比赛。另外，许多高校虽然有专业的足球教师来指导足球训练，但相对于专业比赛训练而言，训练方式相对落后，长期训练却未必事半功倍，在比赛中难以收获应有的成绩，往往会打击学生的训练热情，加之足球队员训练经费等各方面费用有限，也迫使高校足球运动处在了一个尴尬的位置，限制了我国高校足球运动的进一步推广。

（四）从足球运动在高校教育中的地位角度分析

高校足球运动与正规足球运动之间并不完全相同，因此如何将足球运动与高校教学生活相结合，使之融入到高校教育体系中，需要高校体育教学工作者进行深刻的分析，以探索适合的推广途径。我国现有的高校教育体系中，由于家长或社会对于足球运动的错误理解，使得足球运动往往被边缘化。虽然我国素质教育改革过程中一直鼓励学生参与体育活动及校内活动，但是大多数学生和家长始终认为只有学好专业知识才能够在未来的社会生活中有好的前景，虽然鼓励参加体育运动，但却并不包含足球项目，从而也就限制了高校足球运动的推广。

二、校园足球运动存在的问题

我国校园足球培养基础严重萎缩，后备人才青黄不接。在职业化改革初期，足球项目脱离体育局的管理进入市场。初期的虚假繁荣带动了校园足球的活跃，俱乐部建立三线队，足球学校、业余俱乐部等各种形式的青少年足球组织纷纷建立。1990—1995年，我国青少年参与足球项目的数量达到历史最高的65万人，1996—2000年为61万人，2000—2005年急剧下滑到18万人，2006—2008年更呈现出逐渐下滑的趋势。

校园足球实施以来，如火如荼开展的同时，校园足球的发展仍然存在着诸多不足，制约着校园足球的进一步发展。各级体育部门应该充分认识到校园足球工程开展过程中所暴露的问题，完善相关制度，以全面促进校园足球运动的开展。

（一）足球活动安排不合理

由于学校的师资力量、场地设备以及学生课时量的限制，大部分学校的足球活动安排的课时量较少，平均每周一次，这在很大程度上限制了校园足球活动的开展，也不利于学生的身心健康。同时，由于大部分学生不具备足球运动的经验，所掌握的足球专业知识与技能也十分有限，校园足球活动主要停留在基础教学阶段，没有取得实质性的成效。并且，受学校规模与资金限制，学校的足球比赛等各类活动数量极少，学生缺乏实战训练，其足球技能很难得到提升。

（二）足球活动场地匮乏

基础设施建设是开展体育运动的基础内容，拥有场地保障，才能更好地开展体育运动。足球活动场地匮乏是校园足球活动建设中的一大难题，由于校园活动空间有限，使得足球场地无论是在数量上还是面积上都受到限制，很多有足球天赋的学生因此被拒之在外，再加上我国正规足球场地较少，通常只有大学校园才有，很多中小学校园并不具备这样的条件。同时，经过研究得知，如果在一线城市建成可供11人使用的足球场地，需要花费上亿资金，很多学校与教育部门难以承受，这样就限制了足球活动场地的建设。足球活动场地建设问题严重制约着校园足球的开展，已经引起社会的关注。

（三）师资力量整体水平低

校园足球运动中还有一点问题也是相当明显的，就是师资力量薄弱。从专业的角度看，现在大多数学校体育教师的素养存在很大的差距。在普通中小学中，体育教师大部分都毕业于体育教育学专业，只有极少数的教师毕业于运动训练专业。这导致在实际生活中，体育教师们往往重视理论而轻实践，从而使得足球运动的实际操作性并不强。而且很多教师缺乏训练经验，缺乏运动队伍管理能力，训练方法落后和难以调动学生积极性等，这些方面也严重地影响着比赛成绩。只有一批教学质量高的老师，才能带出一批体育素养高、运动能力强的学生。师资力量是校园足球运动的关键所在，也是我们应该正视和采取相关措施应对的问题所在。

（四）学校开展的经费不足

学校足球的发展完全靠的是学校拨款以及学生少量的付费，一定的物质基础是基层训练工作开展的基石。由于相关部门只是喊口号，并没有真正地落实政策，再加上足球大环境的影响，导致学校对足球训练只是在做一个表面的维持，为的是保留住传统校的名声。因而，经费的缺乏严重影响了教练员训练的积极性，以至于老师对球队外出比赛都发愁。

（五）校园足球运作机制不顺，缺乏政策保障

校园足球活动由国家体育总局和教育部联合发文进行推广，但校园足球活动的推广需要地方文体局和教育局联手进行。教育部门管学校，体育部门管竞技，二者如果不能联合下文，那么会导致学生所取得的比赛成绩和学生训练的时间得不到学校的保障，从而影响足球在校园发展的积极性。不在教育理念上突破，真正以素质教育促进学生的德智体美全面成长，校园足球就难发展壮大。对于开展好校园足球来说，属于不同系统的两个行政部门如何做好分工合作，整合资源，使出合力，还需要有一套切实可行的联动机制。

（六）宣传力度不够

尽管政府通过各种渠道对社会、学校、家长、学生进行了对校园足球活动开展的作用、意义的宣传，但各方对校园足球的认知仍有偏差，有待于进一步加大力度宣传。如家长方面，家长的态度直接影响青少年是否能参与校园足球活动。由于家长不确定校园足球是否适合孩子，认为踢足球会影响学生文化课学习，对足球对于学生身心成长的促进作用和学生成绩的积极效应没有足够认识。

（七）家庭思想意识的缺乏

随着社会的发展和经济条件的好转，不少家庭将主要金钱和精力放在孩子的文化成绩和人文素质的培养上，体育只是作为提高身体素质的重要手段，产生这种现象的原因就是家长的成才观。一直以来，受传统观念的影响，大多数家长都想让孩子通过高考进入大学，最后获得一份稳定的工作。除非是孩子成绩较差，无法考上大学，很少有家长开明地让孩子自己决定未来。事实上，我国青少年运动的发展很大程度上取决于家长的支持。但是，受到"重文轻武"的影响，大多数家长只愿意孩子在课余时间去从事体育运动，以体育运动作为职业发展方向是不受到鼓舞的，这严重影响了青少年对足球运动的参与度。

家长是孩子的表率，家长应该主动了解孩子的兴趣爱好，支持他们去尝试，给他们独立的机会。很多家长都认为孩子最主要的事情应该是学习，其他任何与学习无关的事都应该少做甚至不去接触。少年足球运动需要全社会多方面的支持，只有家庭和社会的关注意识加强了，才能更大限度地实施开展。

（八）学业压力大和时间不充足

学校是否能够给学生足够时间去参与足球运动同样影响着学生对足球的兴趣。课业压力是现在学生普遍面临的问题。很多的学生因为学校不够重视足球，与足球运动的接触较少，对足球的了解不深而无法对足球运动产生兴趣，不愿意参加足球运动。

（九）赛制混乱，缺乏系统培养

目前，我国的校园足球赛事仍然处于起步阶段，赛事规则与制度还不够完全适应校园足球快速发展的大潮。对于赛事等级的划分不够明确、赛制混乱等一系列问题是影响了青少年提高足球水平的重要因素。青少年足球竞赛体系的建立是足球后备人才培养的需要，只有一定的实战积累，才能保证青少年对自己不断发展的运动能力的进行巩固并加深理解。

（十）法律发展滞后

在校学生大多是18周岁以下的未成年人，他们的心理、生理发育不成熟。其智力发展水平和对外界的认识有限，不能准确预见自己行为的性质和结果，自我保护能力差，在足球运动中容易受到伤害。另外，现在独生子女居多，在家里没有同伴可玩，在学校里和同学们一起活动是他们最快乐的事。因此，踢起足球来有时会得意忘形，寻求新奇、刺激，不顾及后果等。另外，有些未成年学生的体质特殊或者患有一些潜在的疾病，这也可能导致学生在足球比赛中发生伤亡事故。

我国现在处理学校体育意外伤害事故的主要法律依据有《中华人民共和国教育法》《中华人民共和国未成年人保护法》《中华人民共和国体育法》等。国家一直以来都十分重视学校体育工作的法制管理，但在现行的法律法规体系中，没有针对性较强的法律条文来处理和调解有关学校体育伤害事故的纠纷，也没有明文规定学校的具体行使责任等。一旦发生了伤害事故，许多人就认为学生是在学校受伤的，学校就应该承担全部责任，并且有的家长会起诉学校，与学校对簿公堂，以至于使学生、家长与学校的关系激化，从而影响了学校正常的体育教学秩序。有的学校为了"安全"起见，取消了足球比赛的教学内容，甚至禁止学生在校内踢足球等。体育教师都倾向于选择较为温和的运动方式，不会轻易让孩子选择高强度的足球运动。

第二节 高职校园足球长远发展的谋略

一、加强师资队伍建设

（一）多渠道配备师资

各地要采取多种方式，配足补齐校园足球教师；制订校园足球兼职教师管理办法，鼓励专业能力强、思想作风好的足球教练员、裁判员，有足球特长的其他学科教师和志愿人员担任兼职足球教师；完善政策措施，创新用人机制，为退役运动员转岗为足球教师或兼职足球教学创造条件；建立教师长期从事足球教学的激励机制。

（二）多方式培养培训师资

加强体育教育专业建设，鼓励学生主修、辅修足球专项，培养更多的合格足球教师。制定校园足球教师培训计划，开发相关培训资源，组织开展足球教师教学竞赛、经验交流和教研活动，着力提升足球教师教学实践能力和综合职业素养。组织开展国家级青少年校园足球骨干师资专项培训，各地要结合实际开展多种方式的教师培训，如联合行业组织，聘请国内外高水平足球专家培训校园足球教师、教练员、裁判员。选派部分优秀青少年校园足球工作管理人员、教师、教练员、裁判员到国外参加专业培训和交流活动。

二、改善场地设施条件

（一）加快场地设施改造建设

各地要把校园足球活动的场地建设纳入本行政区域足球场地建设规划，纳入城镇化和新农村建设总体规划，按照因地制宜、逐步改善的原则，加大场地设施建设力度，创造条件满足校园足球活动要求。鼓励建设小型多样化足球场地设施。在现有的青少年培养、实践基地建设中，规划和建设好足球场地设施。

（二）推动场地设施共建共享

各地要统筹体育场地设施资源的投入、建设、管理和使用，鼓励各地依托学区建立青少年足球活动中心，同步推进学校足球场地向社会开放和社会体育场地设施向学校开放，形成教育与体育、学校与社会、学区与社区共建共享场地设施的有效机制。

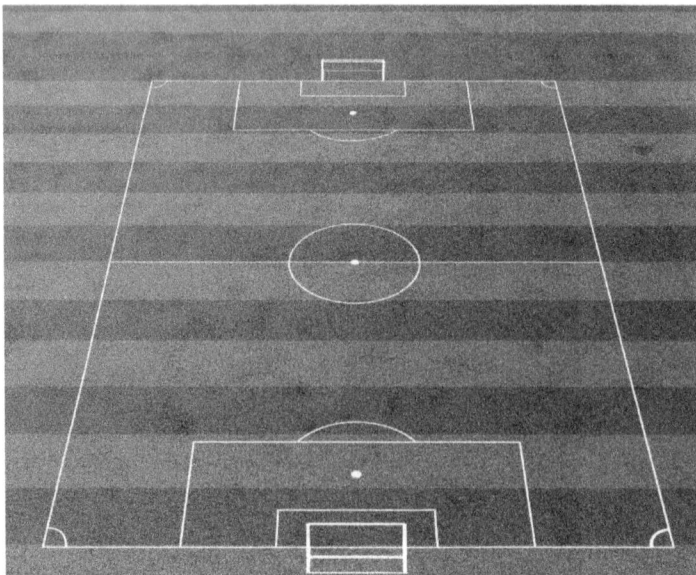

三、健全学生参与足球激励机制

把足球学习情况纳入学生档案，作为学生综合素质评价的参考。加强足球特长生文化课教学管理，完善考试招生政策，激励学生长期积极参加足球学习和训练。允许足球特长生在升学录取时合理流动，获得良好的特长发展环境。研究完善高校高水平足球队管理办法和招生政策，增加高校高水平足球运动队数量，适度扩大招生规模。拓展青少年出国交流机会，经过选拔推荐可以参加国际校园足球赛事和交流活动。

四、加大经费支持力度

各地应当加大对青少年校园足球的投入，统筹相关经费渠道对校园足球改革发展给予倾斜。探索建立政府支持、市场参与、多方筹措支持校园足球发展的经费投入机制。各地要优化教育投入结构，积极创造条件，因地制宜逐步提高校园足球特色学校经费保障水平，支持学校开展足球教学、训练和比赛。

五、完善安全保险制度

各地要加强校园足球运动伤害风险管理，制定安全防范规章制度，加强运动安全教育、检查和管理，增强学生的运动安全和自我保护意识。完善保险机制，推进政府购买服务，提升校园足球安全保障水平，解除学生、家长和学校的后顾之忧。

六、鼓励社会力量参与

各地要加大规划、政策、标准引导力度，多渠道调动社会力量支持校园足球发展的积极性。充分发挥职业足球俱乐部、足球学校、体育运动学校在人才培养方面的积极作用，鼓励有条件的体育俱乐部、企业及其他社会组织联合开展有利于校园足球发展的公益活动。完善相关政策，引导社会资本进入校园足球领域。在中国教育发展基金会设立青少年校园足球发展基金，多渠道吸收社会资金。创新校园足球利用外资方式，有效利用境外直接投资、国际组织、外国政府以及其他组织的支持。

七、充分发挥全国青少年校园足球工作领导小组作用

教育部门应履行好青少年校园足球的主管责任，负责校园足球的统筹规划、宏观指导和综合管理。体育部门发挥人才和资源优势，加强技术指导、行业支持和相关服务。发展改革部门负责统筹场地设施规划与实施。财政部门负责制定推动校园足球工作的相关支持政策。宣传部门加大宣传支持力度，统筹营造社会舆论氛围。共青团系统负责组织或者参与开展校园足球文化活动。教育督导部门要将校园足球纳入教育督导指标体系，制定校园足球专项督导办法，定期开展专项督导。领导小组办公室要配齐配强工作人员，做好日常管理工作，执行领导小组决策、协调成员单位积极推动各项任务的落实。成立全国青少年校园足球专家委员会，加强对校园足球的指导。

八、把发展青少年校园足球纳入重要工作日程

各地要高度重视青少年校园足球工作，加强领导，精心组织，参照全国青少年校园足球工作领导小组组织模式，建立相应工作机制，制订本地区青少年校园足球发展规划，实施青少年校园足球发展项目，明确支持政策，增强管理能力，提升服务水平。鼓励各地成立青少年校园足球协会，承担本地校园足球的具体工作。加强青少年校园足球工作质量监测，定期发布全国和各地区青少年校园足球发展水平报告。

九、优化发展青少年校园足球舆论环境

大力宣传发展青少年校园足球发展理念、育人功能，校园足球文化和先进经验做法，及时报道和播出学生足球赛事，鼓励影视行业和企业拍摄有关校园足球题材影视作品，在广大青少年中掀起爱足球、看足球、踢足球的热潮，在全社会营造关心、支持校园足球发展的良好氛围。

十、借鉴国外校园足球发展经验

足球先进国家在青少年足球人才的培养上并没有着重强调技战术和体能，而是将技战术和体能融入到日常训练中。他们对足球训练的内容分析较为透彻，并将足球训练理念划分十分细致清楚。体育教师在训练中注重青少年对足球运动的理解，包括足球比赛的理解、对学生基本素质的理解、对身体训练的理解以及对综合训练的理解等，对学生的培养更是以一种严谨的态度去对待。在青少年的基础训练期，几乎所有的国家都是采用"启蒙式"教育的方式进行足球训练，无论是比赛、身体训练还是团队训练，无一不是围绕启发学生对足球运动的理解展开的。荷兰著名球星克鲁伊夫曾经这样解释天才球员的成长规律："我们从不看重球员的身体素质，我们也从不在16岁之前给学生灌输战术，我们永远追求孩子们对足球的控制能力。"这句话也充分地说明了足球强国的足球后备人才训练理念。

虽然世界足球强国在足球后备人才培养模式上不尽相同，但是他们都培养出了大批的优秀足球运动员，完成了足球青少年培养的根本任务。在这一过程中，他们都表现出了相同的一些特点。首先，这些国家的政府和足球管理机构非常重视校园足球在足球运动发展过程中的作用，并对人才的培养提供了足够的制度和政策保障。其次，他们的培养模式受众较广，能辐射到全国各个区域，使得绝大多数的青少年足球爱好者都能从中受益，那些有足球天赋的学生更能在这里得

到锻炼和发展。最后，他们的培养模式在资金上能得到保障，资金来源广泛而充足，包括政府拨款、社会捐助、俱乐部出资等方式。

欧美各国的校园足球竞赛体系同样值得借鉴。一是政府一般不直接控制训练和竞赛组织及其活动，不设立有关政府部门。二是由最基层的组织，学校或俱乐部自愿联合。建立完整且相对稳定的足球人才竞赛体系，是我国足球发展现阶段亟待解决的问题，提高校园足球竞赛与训练的针对性、系统性和延续性。建立校园足球竞赛体系的另一个重要目的，就是促进足球运动的推广普及，创造良好的社会环境和雄厚的校园基础，从而达到我国足球可持续发展的需要。要达到这一目的，应在中国足协的统一规划下，充分依靠地方协会和社会各界的力量，做好不同类别、不同层次的足球校园队伍竞赛布局与衔接，促进校园足球的可持续发展。

第六章
校园足球常见的损伤与预防

学生经常参加各种体育运动，运动损伤在体育运动中较为常见。在体育锻炼的过程中了解运动损伤和卫生保健显得尤为重要。为了避免或减少足球运动损伤，本章教学内容是根据学生日常足球运动所遇到的常见问题进行讲解，主要介绍校园足球运动保健、运动损伤概述、校园足球常见损伤的原因及预防、足球运动损伤的康复训练，分析足球运动损伤的病理机制及处理方法，对学生基本掌握足球运动保健常识和损伤预防康复知识、促进身体的健康有着重要意义。

第一节　校园足球运动保健

一、足球锻炼的原则

（一）足球锻炼的 FITT-VP 原则

体育锻炼的目的是增强自我运动水平和增进自身健康。要获得良好的体育锻炼效果，就必须自觉地遵循体育锻炼的基本原则，并根据自己的爱好和身体状况，适当选择运动项目和运动方式，合理制订运动方案。美国运动医学学会（ACSM）最近提出的运动处方的六个要素：FITT-VP。它们是运动频率（Frequency）、运动强度（Intensity）、运动时间（Time）、运动形式（Type of Exercise）、运动量（Volume）和运动进程（Progression）。

运动频率是指每星期进行身体锻炼的次数。进行锻炼的频率越高，热量的消耗量就越大；进行锻炼的频率越低，身体机能复原的时间便越长。为此，要想获得良好的体育锻炼效果，每星期至少应该进行 3 ~ 5 次体育锻炼。

运动强度是指身体机能所要承受超负荷的水平。运动超负荷愈高，人体消耗的热量就愈大。运动强度大小的控制，必须遵守循序渐进的原则，充分考虑自己的身体状况和适应能力。例如，进行有氧运动时，心率应该控制在最大心率的60% ~ 80%为宜。

运动时间是指每次体育锻炼的持续时间，它与体能消耗是成正比的。因此，运动时间与运动频率、运动强度的不同组合，便会达到相同或不同的锻炼效果，如增加运动强度、减少运动频率和缩短运动时间的组合，或降低运动强度、增加运动频率和缩短运动时间的组合。为了提高人们的心肺功能，每天至少应持续进行 20 ~ 30 分钟的有氧运动，每星期应进行 3 ~ 5 次持续时间为 20 ~ 30 分钟的无氧运动。

运动形式是指不同的运动类型，可分为有氧运动、无氧运动和柔韧运动。有氧运动项目包括步行、远足、慢跑、跳绳、游泳、跳操、骑自行车和划船等。进行有氧运动需持续 3 分钟或以上，可使大组肌肉及有氧能量系统进行韵律性运动。无氧运动是使无氧能量系统进行短暂的（3 分钟以下）爆发性运动，包括举重、短跑和投掷等，主要功能是训练肌力与肌耐力。

运动量是由运动的频率、强度和时间（持续时间）共同决定的，即训练的FIT。运动量对促进健康的重要作用已被证实，对身体成分和体重管理的重要性尤为突出。

运动计划的进程取决于运动者的健康状况、体适能、训练反应和运动计划的目的。

　　根据以上的六个要素和自身的条件，制订运动处方，旨在引导大众科学地进行体育锻炼，并通过这六个要素相互影响、相互制约，从而达到体育锻炼的最佳效果。

（二）足球锻炼的超负荷原则

　　超负荷原则是指在进行体育锻炼时，身体或特定的肌肉受到的刺激程度强于不锻炼时或已适应的刺激程度。在进行体育锻炼时只有遵循超负荷原则，身体健康素质才能逐渐得到提高。

　　要提高有氧耐力水平，可以通过增加每周的练习次数、延长每次练习的持续时间和加大每次练习的强度来达到超负荷锻炼的目的。

　　发展肌肉力量练习的超负荷，可通过增加器械的重量、增加练习的次数或组数以及缩短每组练习的间歇时间来实现。

　　超负荷原则同样适用于发展关节和肌肉的柔韧性练习，可通过增加肌肉的拉伸长度、延长拉伸持续的时间和加大关节活动的幅度来实现。

　　虽然超负荷锻炼可以使身体健康素质逐渐得到提高，但这并不意味着每次必须练到筋疲力尽。事实上，即使不进行超负荷的练习，一般性的锻炼也能保持和提高身体健康水平，只不过要花更多的时间进行锻炼才能取得良好的锻炼效果。

（三）足球锻炼的循序渐进原则

　　循序渐进原则是超负荷原则的延伸。该原则是指在进行体育锻炼或发展某种身体健康素质时应逐渐增加运动负荷。要想获得理想的锻炼效果，增加运动负荷不宜太慢或太快。运动负荷增加太慢会限制身体健康素质的进一步提高，而增加太快则可能造成过度疲劳或引发运动损伤，影响正常的学习和生活。

（四）足球锻炼的安全性原则

　　安全性原则是进行体育锻炼的前提和先决条件。它要求在体育锻炼的过程中，要始终注意保护自己，做到安全第一。

安全性原则的主要内容包括：① 制订或实施锻炼计划前，一定要进行体检，得到医生的许可。如果患有某种疾病或有家族遗传病史，就需要找医生咨询，按照医生的建议进行锻炼；② 有条件的情况下，请运动医学专家根据自身的体质健康状况开出运动处方，用于指导自己有目的、有计划、安全地进行锻炼；③ 每次锻炼前必须做好充分的准备活动，以克服内脏器官的生理惰性，防止出现运动损伤；④ 饭后、饥饿或疲劳时应暂缓锻炼，疾病初愈不宜进行较大强度的锻炼；⑤ 每次锻炼后，要注意做好整理、放松活动，以利于促进身体的恢复；⑥ 在锻炼过程中不要大量饮水，以免加重心脏的负担或引起肠胃不适。运动后也不宜立刻洗冷水澡。

（五）足球锻炼的环境监控原则

环境对体育锻炼影响很大，加强环境监控对体育锻炼至关重要。实施环境监控原则，应做好以下五个方面的监控。

1. 对太阳射线的监控

在体育锻炼时，强烈阳光中的紫外线和红外线会对暴露在外的皮肤造成很大的伤害。紫外线可使局部皮肤毛细血管扩张充血，使表皮细胞遭到破坏，导致皮肤发红、水肿，出现红斑；过量紫外线照射还可引起光照性皮炎、眼炎、白内障、头痛、头晕、体温升高及精神异常等症状。红外线的穿透力较强，常用于消炎、镇痛，改善局部营养，治疗运动创伤、神经痛和某些皮肤病。但是，过强的红外线照射对机体是有害的，它会使局部组织温度过高，甚至造成灼伤。当头部受强烈阳光照射时，红外线会使脑组织的温度上升而引起全身机能失调。因此，要尽量避免在强烈的阳光下进行体育锻炼，同时还应选择在反射率低的场地进行锻炼，也可选择擦SPF30以上的防晒霜。

2. 对热环境的监控

人体运动时，不管外界的温度如何，体内产热量都会大幅度增加，剧烈运动时的产热量比平时增加100倍以上。体内产生如此多的热量，在高温的环境下很难在短时间内向外散发，于是便会蓄积在体内，使体温升高，引起一系列的机能失调，甚至死亡。因此，应尽量避免在高温下锻炼。在热环境下锻炼，要控制练习的强度和时间，并及时补充水分，通过增加排汗量来促进体内热量的散发，以防止热疾病的发生。

3. 对冷环境的监控

在寒冷的环境条件下进行锻炼可以提高人体对外界环境变化的适应能力和对疾病的抵抗能力。但是，寒冷环境可使肌肉的黏滞性增大，伸展性和弹性降低，工作能力下降，容易出现运动损伤。为了避免寒冷环境给运动带来不利影响，运动前，一定要做好准备活动并延长其时间，保证体温进一步升高。运动中不要张大嘴呼吸，避免寒冷空气直接刺激喉咙而引起呼吸道感染和咳嗽等。注意耳、手、足的保温，防止这些部位被冻伤。另外，在运动时不要穿太厚的服装，以免在运动中出汗较多，导致运动后感冒。在运动后要及时穿好衣服保持体温。

4. 对湿度的监控

在气温适中时，空气的湿度对人体的影响不大，而在高温或低温时，较大的湿度对人体十分不利。湿度越大，人体通过蒸发散热的途径就越容易受到阻碍，人体产热和散热的平衡就越会被打破，机体的正常功能就越受到不良的影响。在一般情况下，进行体育锻炼的适宜湿度为40%～60%。在气温过高或过低的情况下，空气湿度越低越好；当气温高于25℃时，空气湿度以30%为宜。

5. 对空气污染的监控

大气污染物的种类很多，约有100多种，其中对人类有较大威胁的是烟雾尘、硫化物、氧化物、氮化物、卤化物和有机物等。大气中的污染物一般通过呼吸系统进入人体，也可以通过接触（皮肤、黏膜和结膜等）危害人体。大气中的臭氧和一氧化碳是影响体育锻炼效果的两种重要的污染物，它们可导致胸腔发闷、咳嗽、头痛、眩晕及视力下降等，严重的还会导致支气管哮喘。当空气中的臭氧含量达到400～1500微克/立方米时，不应再进行户外锻炼。一氧化碳可减少血液中血红蛋白的数量，降低血液运输氧的能力，从而直接影响锻炼效果。汽车排放的尾气中含有大量的一氧化碳，因此，应避免到车流量大的马路边散步或跑步。出现沙尘暴、可吸入颗粒物较多或大雾天气时，也应停止户外锻炼。

二、足球运动保健的常识

（一）正确的呼吸方法

在剧烈运动时，只靠鼻孔呼吸比较困难且吸氧量不充足时，可采取口鼻共同呼吸方式。另外，在力量练习中，练习进行到最困难的阶段要呼气，进行到轻松阶段要吸气，如举重上举的一刹那要呼气，放下杠要吸气；或者在练习前吸气，开始阶段屏住呼吸，完成2/3练习时呼气。这种呼吸方式能让大量血液回流心脏，从而减少心脏的负担。

（二）运动着装要适合运动要求

运动着装的选择应保证衣料透气、便于散热、柔软舒适。夏天应穿浅色、单薄服装；冬天提倡类似"剥洋葱"式着装，外穿羽绒服等保暖性良好的服装，内穿便于运动的运动服装，运动中脱掉羽绒服，运动前后穿上羽绒服，鞋袜大小要合脚，并选择富有弹性、透气、舒适的运动鞋。

（三）注意清洁卫生

运动后由于身体排出大量汗液，所以有条件的应该洗澡，但不宜洗冷水澡。因为运动后，大脑皮质仍处于兴奋状态，为了向外散热，体表的毛细血管扩张，大部分血液仍在皮肤肌肉内，如果用冷水洗澡，皮肤肌肉的毛细血管遇冷收缩，使血液很快流向心脏，增加心脏的负担，可能出现心慌、气短和头晕现象。最好洗温水澡或用温水擦澡。温水能使皮肤、肌肉的毛细血管扩张，血液循环加快，促进代谢产物的排泄，有益于身体健康。

（四）消除运动后疲劳

运动后疲劳的消除和身体的恢复很重要。消除运动后疲劳的常用措施有以下几点。

1. 建立合理的生活制度，规定作息时间，创造良好的睡眠条件，注意饮食卫生。

2. 调整运动负荷，适当减少练习内容与降低练习强度。

3. 采用温水浴、热敷、按摩、药物（维生素B1、维生素B6和维生素C，中药黄芪、刺五加和参三七等）。

4. 采用心理手段，学会自我暗示。

5. 合理补充营养。

（五）讲究运动饮食卫生

经常进行体育锻炼，可促进胃肠道的蠕动和消化液的分泌，对消化吸收机能产生良好的影响。但是，如果在体育锻炼中不注意饮食卫生，则会严重影响锻炼者的身体健康。这是因为运动时大量血液流入运动器官，消化器官内的血液量相对减少，胃液分泌减少，消化系统的功能处于相对抑制的状态。这必然会影响食物的消化和吸收，长此以往，会造成消化不良或其他消化道疾病。因此，在体育锻炼中应注意饮食卫生。

1. 运动后不宜立即进餐

体育锻炼后不要急于进食。要使心肺功能稳定下来，胃肠道机能逐渐恢复后再用餐。这段时间一般为半小时，如果在下午进行较剧烈的体育锻炼，间隔的时间应更长。应注意的是，虽然运动后易产生饥饿感，用餐时不要狼吞虎咽，更不能暴饮暴食。

2. 饭后不宜立即进行剧烈运动

饭后立即进行剧烈运动，不仅容易导致消化不良，还会引起腹痛、恶心等症状，甚至造成胃下垂等疾病。可见，吃饭与运动之间要有一定的时间间隔，一般在饭后半小时方可进行运动；剧烈运动或比赛最好安排在饭后一个半小时；缺乏体育锻炼或体质较弱的人，吃饭与运动之间的时间应更长些。

3. 空腹不宜进行长时间剧烈运动

长时间剧烈运动要消耗大量能量，而能量主要来自体内血糖的氧化。早晨空腹进行长时间剧烈运动，无充足的血糖补充，易发生低血糖症状。另外，空腹进行长时间剧烈运动会使胃发生痉挛性收缩，出现胃痛，久而久之会导致胃炎等疾病。因此，早晨空腹锻炼的时间，一般不宜超过 30 分钟，且运动强度不宜过大。

4. 体育锻炼中或锻炼后正确补充水分

体育锻炼中或锻炼后正确的饮水方法是：首先确认体内是否真的缺水。在短时间的体育运动中或剧烈的体育运动中感到口渴，主要是由口腔和咽部黏膜水分蒸发、唾液分泌减少引起的，或者是由心理紧张造成的。这时候不必补充水分，只需用水漱漱口，增加口腔湿润感即可。对体育锻炼中失去水分的补充，要采取少量多次的办法。预防运动失水的最好办法是每 15 ~ 20 分钟饮水 150 毫升左右，这样既随时补充了水分，又可避免对身体的损害。在锻炼前 10 ~ 15 分钟，可饮水 300 ~ 500 毫升，以保证体内水分充足，预防失水过多。一次补水的最大量不能超过 800 毫升。

（六）运动场地、器材的卫生要求

1. 运动场地的卫生要求

为保证锻炼者在锻炼时的卫生和自身以及他人的安全，运动场地器材的卫生安全是极其重要的，作为锻炼者绝不能忽视，否则会造成伤害或染上疾病。在室内进行体操练习时要仔细检查并调整器械的连结部分，助跑道表面及弹跳板是否光滑或有铁钉露出，海绵垫要有弹性且平展，杠面要平稳、清洁。室内采光要明亮，无尘、无空气污染且通风良好。在游泳时应选择水质好的游泳池或水质好、无草、无漩涡的天然河流或湖泊等，以防止被传染皮肤、眼睛、鼻腔和口腔等疾病或发生危险。在室外进行田径运动时要选择无凹凸、沟坎和碎石杂物的跑道，选择无砖头、石块、木棍、竹片和铁钉等杂物的沙坑，沙坑应掘松耙平。进行球类运动时应选择平坦、结实、无碎石且场地不过硬、过滑的球场。在练习健美运动时要选择平坦、环境清洁、空气流通、没有干扰物的场地进行，一方面可以避免事故的发生，另外可以集中注意力，使心情舒畅，有利于锻炼。

2.运动器材、器械的卫生要求

进行运动时，使用的各种器材、器械要符合卫生要求和技术要求。如使用的足球鞋要合脚，不能过大或过小；使用的足球等，应保持一定的圆度，表面光洁，皮块裂开的球不能使用。

三、准备活动与整理活动

热身准备活动和放松整理活动作为体育运动锻炼的两大组成部分，在运动中起着重要的作用。充分的热身准备活动和合理的放松整理活动是高质量地完成一堂训练课的重要保障。热身运动是为了训练、比赛或更剧烈的活动而做的准备工作，运动后的放松整理活动同样重要，它能使人的身体肌肉恢复到放松状态。

（一）运动前的准备活动

1.准备活动的作用

（1）提高中枢神经系统的兴奋性，有利于调节中枢神经系统与肌肉活动有关的各器官系统间的联系，使机体能够发挥最佳的工作效率。

（2）克服机体的生理惰性，使其尽快适应肌肉活动的需要。

（3）加速肌肉组织新陈代谢，提高氧的利用率。同时减少肌肉的黏滞性，扩展肌肉活动的幅度，提高肌肉、韧带的力量以及弹性和柔韧性，提高关节的灵活性，以减少在运动中肌肉、关节和韧带发生拉伤、扭伤等伤害事故。

（4）调节心理状态，提高心理上的适应性。准备活动可以吸引和诱导运动者集中注意力，减少来自外界环境的干扰和自身的情绪影响，从而发挥主观能动性，提高运动效率。

2.准备活动的要求

准备活动的内容分为一般性和专门性两种，其内容、顺序和时间因人、因地、因运动项目不同而异。通常是先进行一般性的准备活动，若参加竞赛可根据运动项目的特点进行专门性的准备活动。一般性准备活动夏天约15分钟，冬天约 25 分钟。准备活动应有一定的密度和强度，心率在 130～160 次/分方能收到预期效果，但也不能过分消耗体力。一般性准备活动应达到身体发热、微出汗、呼吸加深加快、心跳加速、主要关节感到灵活、身体感到轻松有力和兴奋性提高为宜。

（二）运动后的整理运动

整理活动是人体从运动状态（无序状态）过渡到相对安静状态（有序状态）的活动过程。它是促进体力恢复的一种有效手段。

1. 整理活动的作用

（1）有利于人体机能尽快恢复常态。因运动引起的一系列生理、心理上的变化，需要有一个逐步放松、恢复的过程，整理活动可促使这一过程的转化。

（2）有助于偿还氧债。整理活动是一个活泼、轻松和柔和的放松过程，有助于肌肉血液畅流，排出二氧化碳，消除乳酸等代谢产物，以达到偿还氧债、调节机能、减轻肌肉酸痛和消除疲劳的效果。

2. 整理活动的要求

整理活动应着重于全身性放松，尽量采用活泼、轻松和柔和的练习，活动量逐渐减少，节奏逐步减慢，以促使呼吸频率和心率趋于平缓。如在长跑到达终点后，再慢跑一段，或边走边做深呼吸运动或放松做徒手操。特别是在紧张剧烈的运动之后，一定要进行全身放松活动，以免身体受到损伤。整理活动后，还要注意身体保暖，以防身体着凉，引起感冒。

整理活动应与结束时的运动相衔接，其内容有调整呼吸和自然放松、走步、慢跑、徒手放松练习、简单的舞蹈动作以及自我按摩、互相按摩等。

四、防止和消除运动性疲劳

（一）运动性疲劳的概念

疲劳是一种暂时的生理现象，对人体是一种保护性抑制。运动性疲劳出现后，只要不使疲劳积累而产生过度疲劳，就不会损害人的身体健康；相反，经过疲劳的产生—消除过程，借助不断强化的体育锻炼，人体机能和运动能力可以达到超量恢复，从而提高运动者的健康水平。

（二）运动性疲劳的判定

判断运动性疲劳的出现及其程度，对科学地锻炼身体，增强体质，合理地安排运动强度及提高运动成绩都有着重要的意义。在学校体育运动和自我锻炼中，可采用比较简易的方法来判断运动性疲劳及其程度。

（三）消除运动性疲劳的常用方法

为了避免疲劳累积而造成过度疲劳，一般可采用下述消除运动性疲劳的方法。

1. 放松活动

放松活动包括慢跑、呼吸体操及各肌群的伸展练习。运动后做伸展练习，可消除肌肉痉挛，改善肌肉血液的循环，减轻肌肉酸胀和僵硬程度。

2. 按摩和物理方法

按摩可改善局部或全身血液的循环状况，促进代谢产物的消除，减轻肌肉的酸痛感和僵硬感，提高肌肉的收缩力，改善关节的灵活性。

消除运动性疲劳的物理疗法种类较多。训练和比赛后局部热敷和温水浴是简单易行的手段。

3. 补充营养物质

运动时消耗的物质要靠饮食中的营养物质来补充，合理补充营养后有助于运动者恢复体力和消除运动性疲劳。因此，运动后应根据运动项目的特点补充足够的糖、蛋白质、维生素（维生素 B1、维生素 B6、维生素 C、维生素 E）、无机盐（钠、磷、铁）和水等。

4. 充足的睡眠

充足的睡眠是消除疲劳、恢复体力的最好方法之一。睡眠时大脑皮质的兴奋度降低，体内分解代谢处于最低水平，而合成代谢则相对较高，有利于体内能量的蓄积。因此，运动者每天应保证充足的睡眠时间，一般每天不少于 8 ~ 9 小时。在大运动量训练和比赛期间，睡眠时间应适当延长。

五、做好自我医务监督

（一）主观感觉

1. 一般感觉

它是人体功能状态尤其是中枢神经系统功能状况的反映。身体健康的人就会精力充沛、活泼愉快；若患病或过度疲劳就会精神不振、软弱无力、疲倦、易激动。在记录时，若精力充沛可记为"良好"；若未出现不良感觉可记"平常"；若精神不振、疲倦等可记为"不好"。

2. 锻炼心情

心情与精神状况有关。在锻炼过程中，若出现对体育运动不感兴趣，甚至厌倦，这可能是锻炼方法不当或疲劳的表现，也可能是过度疲劳的早期征象。可根据自己的锻炼心情，可分别记录为"很想练""愿意练""不想练""冷淡"或"厌倦"等。

3. 不良感觉

在健身活动时出现肌肉酸痛是正常的，经过适当减少运动量酸痛就会消失。若锻炼后出现头痛、头晕、胸闷、恶心、呕吐或其他部位的疼痛，说明运动量过大，健康状态不佳。在记录时，应写清具体感觉。

4. 睡 眠

经常进行健身运动的人，应当是入睡快，睡得好。

5. 食欲情况

一般由于运动锻炼消耗能量较多，所以食欲往往很好。但有时由于运动量过大出现过度训练或健康不佳时，也可出现食欲下降的情况。在自我监督日记上可记下食欲"良好""一般""减退"或"厌食"等情况。

6. 排汗量

训练或比赛时，由于能量代谢水平较高，产热量多，所以排汗成为散热的一种重要方式，但排汗量受很多因素的影响，如运动量、训练水平、气温、湿度及神经系统的状态等。记录时可以记下汗"正常""减少""增多"等情况。

7. 体 征

锻炼时的外部体征，一般可从以下三方面去观察：精神（锻炼者的精神、表情、言语、眼神和注意力等）、躯体（面色、呼吸、嘴唇和排汗等）、动作（动作质量、准确性和步态等）。

运动量适宜时，锻炼者一般表现为精神良好、面色稍红和步态轻快等。运动量过大时，锻炼者一般表现为面色红、气喘、满脸流汗、精神差、眼神无光，反应迟钝和动作不稳等，此时必须减量运动。

8. 其他情况

运动量过小的表现：运动后身体无微汗、无发热感，脉搏也无大的变化，在运动后2～3分钟即恢复至安静状态，说明运动量过小。

运动量适宜的表现：锻炼后有微汗、轻松愉快、感觉良好、睡眠、食欲良好或虽然稍感疲乏、肌肉疼痛，但休息后会很快消失，次日体力充沛，渴望锻炼，表明运动量适中。

运动量过大的表现：锻炼后大汗淋漓、头晕眼花、胸闷、身体疲倦、睡眠差、食欲下降，脉搏在运动后15分钟尚不能恢复，次日仍觉乏力，不想锻炼，这些表明运动量过大，此时应注意减少运动量。其症状表现为以下几方面。

（1）出现胸闷、胸痛和晕眩等症状。

（2）出现心悸、头晕、血压过于升高或下降。

（3）明显的呼吸困难、嘴唇发紫、脸色苍白、出冷汗、头晕、恶心和呕吐等。

（4）四肢肌肉剧痛、关节疼痛、步态不稳和动作不协调等。

（二）客观检查

1. 安静时脉搏

每天早晨醒后，先不起床而立即仰卧测 1 分钟的脉搏数，这就是安静时的脉搏，也有把它称为"晨脉"。用这个脉搏来检查身体机能状态十分必要，若安静时脉搏比平时高 12 次以上，可能和过度训练有关，应立即改变锻炼方法和减少运动量；若比平时高 6 ~ 8 次，说明运动量过大了，应当进行调整；若比平时高 4 ~ 5 次，就不要再增加运动量了。

2. 锻炼后即刻脉搏

此项指标应控制在锻炼法规定的脉搏数以内。若连续几天超过规定数，身体又有不适感，说明运动量大了，应进行调整；若几天均未达到规定数，身体感觉良好，可适当增加运动量。

3. 体重变化情况

刚进行健身锻炼，体重会逐渐减轻，尤其身体肥胖者，这就是由于机体的水分和脂肪减少的缘故。随后体重应逐渐趋于稳定。若出现体重不断减轻，并有其他异常感觉，可能与过度训练或患有慢性消耗性疾病有关，应减小运动量并到医院检查。体重每周测 1 ~ 2 次，测体重在每天的同一时间进行，穿的衣服也应一致。

4. 血压、肺活量、心电图

健身运动爱好者的血压应趋于稳定。锻炼后收缩压上升 20 ~ 25 毫米汞柱，舒张压下降 5 ~ 10 毫米汞柱，应视为正常。测肺活量时应连续 5 次，每次测的结果是逐渐上升的，说明呼吸机能良好，若逐渐下降，说明呼吸肌耐力差，是反应不良的表现。若血压突然升高、肺活量明显下降、心电图异常则应减小运动量并到医院进行检查。

第二节 运动损伤概述

一、运动损伤的定义

大学生经常参加各种体育活动，运动损伤较为常见。运动损伤亦称运动创伤，是指由于从事体育运动所致的机体急性或慢性的损伤。运动损伤是发生于运动过程中的损伤。随着体育运动的发展，从矫形外科学中分出一个学科，称为运动损伤学，是运动医学的组成部分，研究体育运动中损伤的防治，并通过损伤发生原因、损伤机理、恢复时间及伤后训练安排处理的研究，为体育运动中损伤的预防及伤后合理的专业治疗，尽快恢复伤者的运动、训练、竞技水平等提供科学依据。

运动损伤与体育运动项目、动作技术、锻炼者的身体状况和教学环境等情况有着密切的联系，不同的运动项目所造成的运动损伤各有不同，运动损伤会直接影响学生的身心健康和正常的学习生活。因此，我们应采取有效的安全措施，避免运动损伤的发生。

二、运动损伤的分类

体育锻炼损伤的分类方法较多，常用的分类方法如下。

（一）按损伤组织的种类分

如肌肉肌腱损伤、滑囊损伤、关节囊和韧带损伤、骨折、关节脱位、内脏损伤、脑震荡、神经损伤等。

（二）按损伤的轻重程度分

伤后不丧失工作能力的为轻伤；伤后失去工作能力 24 小时以上，需在门诊治疗的为中等伤；伤后需要住院治疗的为重伤。

（三）按运动能力丧失的程度分

伤后仍能比较正常地进行体育锻炼的为轻伤；伤后需要减少或停止患部活动的为中等伤；伤后完全不能运动的为重伤。

（四）按有无创口与外界相通分

外伤皮肤或黏膜破裂，创口与外界相通，有组织液渗出或血液自创口流出，称为开放性损伤，如擦伤、刺伤等；伤部皮肤或黏膜完整无创口与外界相通，损伤后的出血积聚在组织内，称为闭合性损伤，如关节韧带扭伤、肌肉拉伤等。

（五）按发病的缓急分

瞬间遭受直接或间接暴力而造成的损伤称为急性损伤，其特点是发病急，病程短，症状骤起；因局部长期负担过度，由反复细微损伤积累而成的慢性损伤，其特点是发病缓慢，症状渐起，病程较长。

足球是对抗性极强的运动项目，有特殊技术要求，如踢铲、突破、拦截及长时间对抗等，导致运动损伤的发生率也是最高的。我国足球运动损伤的患病率为 6.2%，运动损伤的高发年龄在 19 ～ 23 岁。下肢为最常见的发病部位，其中膝关节、踝关节最为常见，常见的运动损伤为膝关节半月板损伤、踝关节距跟外侧韧带损伤、髌腱周围炎、腰肌损伤和踝关节滑膜炎。急性损伤占 41%，急性转慢性占 34%，运动损伤的治愈率为 61.5%。建立健全监督机制，加强对重点运动部位的保护，特别是开发应用运动保护支具对于减少足球运动损伤具有重要意义。

三、运动损伤的发生原因

（一）运动损伤的潜在原因

造成运动损伤的原因，因运动人群不同而有所差异。但是，运动损伤的潜在因素是相同的，即运动损伤的发生与运动解剖部位的缺陷和运动技术要求密切相关。运动员与教练员应熟悉各解剖部位的缺陷以及技术动作特点，避免运动损伤的发生。

（二）运动损伤的直接原因

运动损伤发生的直接原因，因运动人群的不同而有所区别。

1. 运动员训练水平不够。运动训练包括5个方面，即全面身体训练、专项技术训练、战略战术训练、心理训练和道德品质的培养。这5个方面训练不够或训练不全面可成为运动损伤发生的原因。以上5项训练内容是一个完整的训练体系，缺少哪一个训练内容都不会实现训练目标。在实际训练中，教练员与运动员往往偏爱专项技能训练，忽视其他4项基本内容训练，把其他4项训练内容看成可有可无。这种急功近利的训练不但难以实现训练目标，反而容易发生运动损伤。

2. 思想重视不够。运动损伤的发生，常与体育教师及运动健身人群对预防运动损伤意义的认识不足，思想上麻痹大意及缺乏预防知识有关。

3. 缺乏合理的准备活动。准备活动的目的是进一步提高中枢神经系统的兴奋性，增强各器官系统的功能活动，使人体从相对的静止状态过渡到紧张的活动状态，从而增强对运动的适应性，预防运动损伤。根国内有关调查资料分析，缺乏准备活动或准备活动不合理，是大众健康运动造成运动损伤的首位或第二位的原因。

4. 运动负荷（尤其是局部负担量）过大。安排运动负荷时，没有充分考虑到锻炼者的生理特点，运动负荷超过了锻炼者可以承受的生理负担量，尤其是局部负担过大，引起细微损伤的积累而发生劳损，这是专项训练中造成运动慢性损伤的主要原因。

5. 技术上的错误。技术动作的错误，违反了人体结构功能的特点及运动力学原理而造成损伤，这是初参加运动训练者或学习新动作时发生损伤的主要原因。例如，做前滚翻时，因头部位置不正确而引起颈部扭伤；排球传接球时，因手型不正确而引起手指扭挫；投掷手榴弹时，在上臂外展90°、屈肘90°（甚至肘低于肩）的错误姿势下出手，引起肩臂肌肉拉伤，甚至发生肱骨投掷骨折等。

6. 场地、设备和服装存在缺陷。如运动场地不平，有小碎石或杂物；跑道太硬或太滑；沙坑没掘松或有小石，坑沿高出地面，踏跳板与地面不平齐；器械维护不良或年久失修，表面不光滑有裂缝；器械安装不牢固或安放位置不妥当，器械的高低、大小或重量不符合锻炼者的年龄、性别特点；缺乏必要的防护用具（如护腕、护踝、护腰等）；运动时的服装和鞋袜不符合运动卫生要求等。

7. 组织方法不当。如健身活动人员过多，教师又缺乏正确的示范和耐心细致的教导，缺乏保护和自我保护，不遵守课堂纪律，比赛日程安排不当，比赛场地和时间任意更改，允许有病或身体不合格的人参加比赛，动作粗暴或违反规则，故意犯规等，这些均是发生运动损伤的重要原因。

8. 不良气候条件的影响。气温过高易引起疲劳和中暑；气温过低易发生冻伤；因肌肉僵硬和身体协调性降低易引起肌肉韧带损伤；潮湿高热易引起大量出汗，发生肌肉痉挛或虚脱；光线不足，能见度差，影响视力，使兴奋性降低和反应迟钝而导致受伤。

四、运动损伤的预防

1. 加强安全意识，提高预防运动损伤的意识，克服麻痹大意思想。

2. 准备活动要有针对性，加强易伤部位的防患措施。

3. 遵循教学规律，特别是对技术较难和容易致伤的环节，应事先做好预防准备，合理安排运动量，区别对待，切忌急于求成。

4. 加强相互保护和帮助，提高自我保护能力，如摔倒时应立即屈肘、低头、团身，以肩背着地，顺势滚动，而不要直臂撑地。

5. 加强医务监督，善于把握自己在运动前后的生理变化，患有慢性病者要定期体检，并在医生和体育老师指导下进行体育锻炼。

6. 重视运动器材、场地的安全和卫生，场地器材应经常检查和维修。锻炼者的服装、鞋子要符合体育卫生的要求。

五、运动常见生理现象

（一）肌肉酸痛

平时不常参与足球运动的人突然参加体育锻炼，或长时间中断体育活动后又参加体育锻炼，或是一次锻炼的强度过大，都会引起肌肉酸痛。

1. 造成肌肉酸痛的主要原因

（1）运动造成肌纤维和结缔组织的损伤。

（2）运动量过大，肌肉局部缺血造成的疼痛、肌肉痉挛等。

足球运动时肌肉酸痛，如果是运动强度过大，没有充分的准备活动，造成肌肉损伤，要进行暂时休息，之后进行康复治疗。如果是由于运动中肌肉产生大量乳酸堆积造成的，一般经过几天的调整或坚持锻炼，身体很快适应，疼痛就会逐渐消除。如疼痛厉害，可采用局部按摩、热敷或用活络油擦拭，促进血液循环，减缓疼痛。注意：运动后做好放松整理活动，能够有效地减少肌肉疼痛。

（二）"极点"和"第二次呼吸"

中长跑时，往往跑后不久一段时间内，会出现呼吸急促、胸闷、下肢沉重、动作失调甚至呕吐等现象。这种生理现象在运动生理学上称为"极点"。每个人的"极点"出现的时间不完全相同，在参加足球比赛时，由于比赛对抗激烈，这种情况一般会在下半场出现。

1. 造成"极点"的主要原因

（1）由于剧烈运动时，骨骼肌迅速进入工作状态，内脏器官的氧气供应暂时落后于肌肉活动的需求，再加上肌肉活动产生的大量代谢产物不能及时运走，产生乳酸和二氧化碳的大量堆积，使植物性神经中枢和躯体性神经中枢之间的协调遭到暂时性的破坏。

（2）"极点"出现后，可稍微休息，加深呼吸。如果坚持下去，则各种不良感觉会减缓或消失，动作也会变得轻松、协调，运动能力又重新恢复、提高。这种现象在生理学上称为"第二次呼吸"。

（三）肌肉抽筋

抽筋是指身体某一部分肌肉发生强直性收缩，引起局部疼痛和活动障碍。足球运动时，抽筋多发生在小腿部分。

1. 造成肌肉抽筋的主要原因

（1）由于足球运动前，没有做好准备运动，使肌肉突然猛力收缩。足球运动时，比赛强度大，跑动距离远使肌肉和皮肤发生急剧的收缩反应。

（2）出汗过多。在体育锻炼中，由于大量出汗，由于身体水盐流失，引起肌肉痉挛。

（3）肌肉收缩失调。在体育锻炼过程中，由于肌肉过于紧张，连续收缩过快，放松时间短，造成肌肉收缩失调，导致肌肉痉挛。

（4）冷刺激。当机体受到强烈刺激时，可通过神经系统使肌肉兴奋性过高，产生强直收缩，导致肌肉痉挛。

（5）肌肉疲劳时，局部血液循环不畅，代谢物堆积也会引起肌肉痉挛。当肌肉痉挛时，肌肉坚硬成块，疼痛难忍，严重的短时间内不易缓解。

（四）运动中腹痛

足球运动前没有做好准备活动；运动前吃得过饱；饮水过多或腹部受凉，致使脏腑功能失调，引起腹痛。或者因为运动时间过长、过于剧烈，也有的是因为呼吸节奏紊乱，引起运动异常，或者肝脾积气瘀血，导致两肋部胀痛。

（五）运动中暑

"中暑"是人体长时间在高温环境下运动或工作，而引起机体体温过高的一种反常生理现象。足球比赛如果天气炎热，队员较容易产生中暑。"中暑"症状：中暑早期有头晕、头痛、呕吐等症状，严重时体温升高，皮肤灼热干燥，甚至精神失常、抽搐、心律失常、血压下降，直到昏迷危及生命。

六、常见运动损伤介绍

（一）开放性软组织损伤

1. 擦　伤

擦伤指在运动时，因摔倒或皮肤受器械摩擦致伤。擦伤后皮肤出血或组织液渗出。

小面积擦伤可用紫药水涂抹伤口即可；大面积擦伤应先用生理盐水洗净后再涂抹紫药水，再用消毒纱布覆盖包扎。

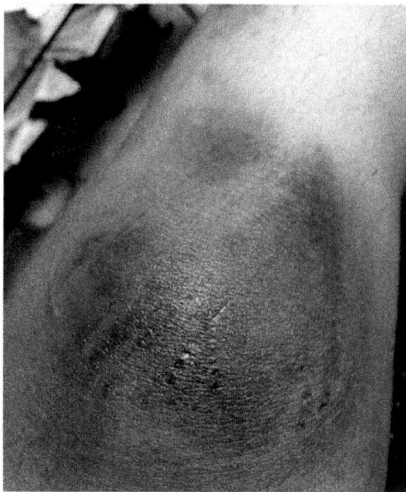

2. 撕裂伤

撕裂伤指在剧烈运动时突然受到强烈撞击，造成肌肉撕裂致伤，撕裂伤分为开放伤和闭合伤。

常见的撕裂伤有眉际撕裂、跟腱撕裂等。轻度开放伤用紫药水涂抹即可；若裂口大，则须止血和缝合，必要时须注射破伤风抗毒血清。

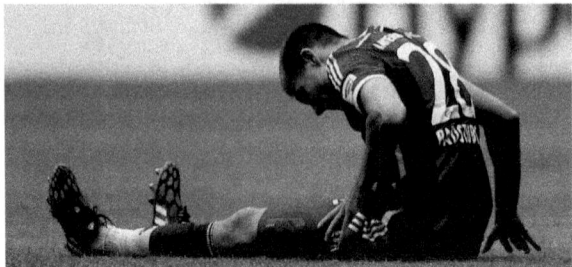

3. 刺　伤

刺伤是由尖细物刺入人体所致。特点是伤口较小但是较深，可能伤及深部组织器官，或者将异物带入伤口深处，容易引起感染，常见的有田径运动员中的鞋钉和标枪的刺伤。

4. 切　伤

切伤是由锐器切入皮肤所致，如冰刀切伤等。切伤伤口边缘整齐，多成直线，出血较多，但是周围组织创伤较轻。深的切伤能切断大血管、神经、肌腱等组织。

要处理撕裂伤、刺伤和切伤，轻者可先用碘酒、酒精将伤口周围消毒，然后在伤口撒上消炎粉，用消毒纱布包扎。裂口较长和感染较重者，应该清除伤口内的污物，切除坏死的组织，彻底止血，缝合伤口，凡伤情和感染较重者，应该口服或者注射适当的抗生素，预防感染；凡被不洁物致伤较深者，应该注射破伤风抗毒素，预防破伤风。

（二）闭合性损伤

1. 挫　伤

（1）原因：足球运动时因撞击或练习者之间相互碰撞而造成。

（2）症状：局部疼痛、肿胀、皮下瘀血、压痛，内脏器官有损伤时，则出现头晕、脸色苍白、心慌气短、出虚汗、四肢发凉、烦躁不安甚至休克等症状。

2. 肌肉拉伤

（1）原因：当肌肉猛烈收缩，超过它可承受的负荷或突然被拉长超过了它的伸展限度时会被拉伤。如准备活动不充分，技术不正确，活动过猛，气温太低或场地条件差等，容易产生肌肉拉伤。

（2）症状：局部肌肉疼痛、肿胀、压痛、肌肉僵硬紧张，并可摸到肿块，并产生功能性障碍。严重的肌肉拉伤是肌肉撕裂。

3. 踝关节扭伤

关节扭伤俗称"崴脚"，在足球运动训练或日常生活中经常发生此种损伤。

（1）原因：踝关节在承受身体重量，维持身体平衡及承受地面对人体的反作用力等方面负担量较其他关节重，加上其本身是薄弱环节，外侧韧带比内侧韧带承受力差。所以往往在身体落地时，脚踩在球上或他人脚上，或者踩在凹凸不平的地面上时，由于身体失去平衡，使踝关节的活动范围超过了限度，因此往往容易造成扭伤。运动员在身体状态不良或疲劳时最容易发生踝关节扭伤。踝扭伤有韧带牵扯、部分撕裂和完全断裂三种类型。

（2）症状：踝扭伤后一般均有疼痛肿胀，局部微热，韧带完全断裂时，足内外翻均可超过正常活动范围。踝扭伤后要排除踝关节扭伤。

4. 急性腰扭伤

（1）原因：运动时因腰部受力过重，肌肉收缩不协调，或脊椎运动超过正常生理范围而致伤，严重时可发生错位并压迫神经。

（2）症状：疼痛、腰部肌肉痉挛、运动受限、神经受压迫时下肢酸麻，甚至失去知觉。

5. 关节脱位（脱臼）

（1）原因：由外力使关节的完整接连状态受到破坏而引起。关节脱位常伴随韧带及关节囊的撕裂，甚至损伤神经。

（2）症状：关节脱位后常出现关节畸形，局部疼痛、肿胀，失去正常功能，甚至发生肌肉痉挛等现象。

6. 骨　折

（1）原因：足球运动中身体受到暴力撞击，易造成骨折。骨折是严重损伤，可分为完全性骨折和不完全性骨折。

（2）症状：骨折发生后，患处立即出现肿胀、皮下瘀血，剧烈疼痛等情况，活动时疼痛加剧，肢体失去正常功能，肌肉产生痉挛。骨折部位可能变形，移动时可听到骨摩擦声。严重骨折时，常伴有大出血、神经损伤及休克等，开放性骨折还可能导致感染、发烧直至休克。

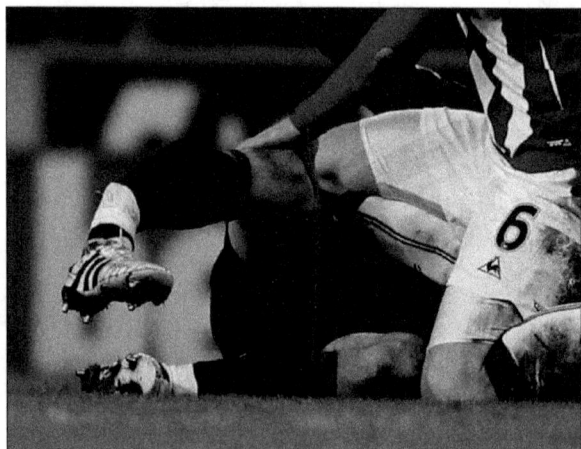

7.韧带损伤

韧带损伤是指用力过大、过度牵伸而导致不同程度的韧带纤维或其附着处的断裂。韧带损伤在足球比赛中经常发生。韧带有较强的抗张能力，保护关节在正常范围内活动，防止关节出现异常活动。如果外力使关节异常活动超越韧带所能承受的范围时，就会发生韧带损伤。韧带损伤多发生在受力较强而组织较脆弱的部位。其损伤的程度则取决于所受到作用力的强弱与时间的长短，如果所受外力较小，作用时间较短，那么往往没有明显的功能丧失，因为只有少量韧带纤维断裂，即所谓的韧带扭伤。如损伤程度较重，则有更多的韧带纤维断裂，表现为一定的功能丧失。在临床研究上韧带损伤分为三级。

（1）一度（轻度）损伤：韧带只有小部分被拉长或拉断，会产生轻微的疼痛和局部水肿，关节有较小的不稳定性，没有明显的功能丧失。

（2）二度（中度）损伤：大量的韧带纤维被撕裂和分离，有一定程度的功能丧失，关节存在中等不稳定性，有明显的疼痛、水肿，可能发生肌肉僵硬。

（3）三度（重度）损伤：韧带完全撕裂和分离，并完全丧失其功能，引起关节的极大不稳定性，由于神经可能受损，疼痛很快会消失，有严重的水肿。

8.肩关节损伤

（1）原因：足球运动中由于外力使关节活动超出了正常的生理范围，造成关节韧带拉伤、部分断裂或完全断裂，称作关节韧带扭伤，多发部位在膝关节、踝关节、腕关节及腰部。

（2）症状：关节韧带扭伤后，局部肿胀、疼痛、压痛，有皮下出血的可看见青紫区。

9.半月板损伤

半月板损伤是一种常见的运动损伤，足球运动中比较多见。

半月板是膝关节股骨与胫骨之间的一个辅助结构，是一对半月形的软骨，半月板在膝关节除加深关节窝以外，还起弹性垫的作用，可以缓冲震荡。

（1）原因：半月板损伤大部分发生在小腿屈曲，并处于内收或外展部位骤然伸直的一刹那。体操运动员跃起后着地的动作，排球运动员拦网后在落地瞬间转身保护救球，足球运动员在比赛中追球疾跑转向或急停转身，篮球运动员在比赛中夺球、切入投篮时起跳或落地时同时伴有身体的旋转，往往会发生半月板撕裂。

（2）症状：半月板撕裂往往伴随有滑膜的损伤，因此会感到剧烈疼痛；膝关节肿胀；膝关节"交锁"：所谓"交锁"，即在膝关节活动时忽然被"卡住"，不能伸屈，同时有酸痛感。损伤时可听到一种清脆的声音像弹墙声，检查时患者在屈伸膝关节时也能自己听到弹响。

10. 脑震荡

（1）原因：脑震荡是指头部受到外力击打后，大脑管理平衡的膜半规管、椭圆囊和球囊等感应器官机能失调，引起意识和机能的暂时性障碍。

（2）症状：受伤时表现为神志不清、脉搏徐缓、肌肉松弛、瞳孔稍放大但能对称，神经反射减弱或消失；清醒后患者常有头痛、头晕和恶心呕吐感；平时情绪烦躁，注意力不易集中，出现耳鸣、心悸、多汗、失眠和记忆力减退等症状。

第三节　校园足球常见损伤的原因及预防

一、校园足球运动损伤的原因

（一）思想准备不足

在参加足球活动时，没有做好充分的思想准备。许多运动损伤可以通过积极预防完全避免，但如果运动前不执行有效的安全措施，盲目或冒失地进行足球活动，最终也会导致伤害事故的发生。

（二）准备活动不当

不做准备活动或者准备活动不充分，神经系统和内脏器官没有充分活动起来，身体协调性低下，肌肉温度没有提高，韧带伸展性和关节活动范围小而致伤；准备活动量过大，造成机体疲劳，从而导致控制动作的能力降低而引起受伤；准备活动安排不妥当，与运动项目的基本内容脱节；准备活动做好后，却离专项运动时间过长，失去了准备活动的作用。

（三）运动量过大或过于激烈

在安排足球运动负荷时，应考虑自身的生理特点和可能承受的运动负荷量。特别是现在的学生身体素质普遍较低，如果忽略了这些细节，盲目地加大运动量，超过了自身可以承担的生理负荷能力时，尤其是局部负担过重时，同样极易发生运动损伤。

（四）身体机能状态和心理状态低下

身体疲劳、睡眠或者休息不够、患病、受伤或伤病初愈，在身体机能相对低下时容易发生运动损伤；在心情不佳、情绪低落、过于紧张或兴奋等心理状态下，或又缺乏自我保护能力时，更容易造成伤害事故。

（五）技术上的缺点或错误

违反身体的结构机能特点，以及运动时的力学原理，盲目地做某个自己尚未掌握的动作或错误动作时就容易受伤，特别是在学习新技术动作时。

（六）教学组织不当

练习者在人数较拥挤的场地练习或是不遵守教学要求；运动场地、设施布局不合理，对学生要求不严格，使其随意穿越运动区域时，容易发生运动损伤。

（七）运动环境不适宜

在恶劣的条件下运动，很容易出现运动损伤。如在暑天运动极易引起疲劳和中暑；在寒冷的天气运动则容易引起肌肉僵硬，导致肌肉拉伤和肌肉韧带的损伤；在潮湿高温的环境下运动易引起大量出汗，发生肌肉痉挛或虚脱。此外，在锻炼时，足球场地不平整、器械安置不牢固或缺乏必要的保护用具都很容易发生运动损伤。

（八）动作不规范或违反体育规则

有些学生在上课时思想不集中，对足球技术讲解和示范没有正确地理解和掌握，在练习中非常容易因动作不规范、发力不合理而导致运动损伤。足球项目有相应的规则，如果在比赛中不遵守规则或在训练中相互逗闹、动作粗鲁、用力过猛，甚至故意犯规做一些危险动作，缺乏良好的体育道德，这很容易造成自身和他人的损伤。

二、校园足球运动损伤的预防

（一）对足球运动损伤有正确的认识

体育锻炼的目的是促进身体的生长和发育，增强体质，提高健康水平，参与者要明确体育锻炼的目的，掌握科学锻炼身体的知识与方法，同时在思想上重视对运动损伤的预防，并懂得如何进行预防。

（二）合理安排练习内容，加强教学认识

在教学活动前，要合理安排教学内容，分析其难点与重点，对容易发生损伤的技术要做好事前的准备工作，预防措施到位，并遵循足球教学的原则，做到因人而异，负荷适当。

（三）做好准备活动

准备活动的目的是通过各种练习进一步提高中枢神经系统的兴奋性，使它达到适宜水平，加强各器官系统的活动，克服各种机能的惰性，为正式练习做好机能上的准备。因此，在任何练习前都要认真做好准备活动，而且准备活动要充分，且有针对性。准备活动的内容和量应依据训练内容、比赛情况、个人机体状况和气象条件等而定。

（四）加强易伤部位的训练

有针对性地加强容易受伤和相对薄弱部位的肌肉力量和伸展性练习，提高它们的机能，是预防足球运动损伤的一种积极手段。

（五）合理运用技术动作

技术动作运用得不好是引起足球运动损伤的主要因素之一。如在铲球时，技术运用不合理，错误地去铲球而不顾后果，则可能造成双方的受伤。所以，合理运用技术动作在足球比赛中十分重要，对于预防足球运动损伤有重要作用。

（六）在良好的环境条件下运动

为了防止运动损伤，就必须注意在适当的环境下进行运动。高温潮湿容易产生疲劳和中暑，或因大量出汗而影响体内水盐代谢而发生抽筋或虚脱；低温潮湿，容易引起冻伤；也可能因肌肉僵硬，肌肉弹性、耐力降低，动作协调性变差，而造成肌肉韧带损伤；在大雾天时，光线不足、能见度低，影响视力，神经反应迟钝，兴奋性降低，也可能成为损伤的原因。严禁带病或体检不合格者参加足球运动，伤病后要在医生的建议下进行运动；场地设施不合格不能进行运动。

（七）加强心理素质教育及医务监督

在教学过程中，足球教师应重视加强对学生心理素质的教育和培养，帮助学生克服恐惧畏难的情绪，排除紧张的心理障碍，树立克服困难的信心。对参加体育锻炼的人，应定期进行体格检查，以观察了解体育锻炼后的身体反应以及功能变化。对患有各种慢性疾病的人，应根据医生的意见进行足球活动。在运动过程中，要建立和健全自我监督制度，随时注意自己身体功能状况的变化，若有不良反应时，应及时调整运动负荷。

三、常见足球运动生理反应与损伤的防治

（一）肌肉酸痛

1. 肌肉疼痛的预防

（1）根据体质和健康状况，合理安排运动负荷，在锻炼时遵循锻炼的原则、强度、时间的控制。

（2）做好充分的准备活动。

（3）做好运动的放松整理活动，做好拉伸练习，有助于预防局部肌纤维痉挛。

（4）疲劳时，不宜做大强度的体育锻炼。

2. 肌肉酸痛处理

热敷，用热毛巾或热水袋敷于酸痛肌肉部位，改善血液循环，缓解肌肉酸痛，每次敷 15 分钟，每天 2～3 次；按摩，用揉捏手法按摩；拉伸，做缓慢的伸展运动，对局部疼痛部位进行静力性拉伸运动。

（二）极　点

1. 在运动前，充分做好准备活动，可使"极点"推迟出现，持续时间短，身体反应轻。

2. 加强锻炼，提高内脏器官的机能，以便使其在运动中能迅速地发挥最高机能水平。

（三）肌肉抽筋

1. 肌肉抽筋的预防

（1）运动前，应做好准备运动，特别是在冬天更要做好准备运动。

（2）运动时，夏天要注意补充水分；过度疲劳时不宜长时间剧烈运动。

2. 肌肉抽筋的处理

患者平卧，对抽筋的肌肉进行牵拉、伸展运动，用外力以相反方向牵拉痉挛肌肉，使其放松和伸长。例如，小腿后部肌肉和脚底抽筋时，只要脚底背屈，脚跟用力前蹬，辅以局部按摩、热敷，促进血液循环，可以减缓肌肉痉挛。

（四）运动中腹痛

运动前不宜吃食物或饮水过多，做好充分的准备活动；运动中注意呼吸与节奏的调节；运动中出现腹痛，应减少运动强度，按压腹部，并做深呼吸，可缓解。如仍不能缓解，应停止运动，请医生诊治。

（五）中　暑

高温环境下减少运动量和运动时间，避免在烈日下锻炼；室内运动，注意通风；室外锻炼穿浅色、轻薄的衣服；出现中暑时，首先降温，到阴凉通风处休息，喝些凉开水或服用仁丹、十滴水等，重者到医院诊治。

（六）肌肉挫伤

1. 肌肉挫伤的预防

肌肉挫伤往往在足球运动中发生，因此，可以通过穿戴保护设备来预防肌肉挫伤，如从事足球运动时可戴护腿板等。另外，锻炼前应做好充分的准备活动；练习时不要用力过猛，以防超过肌肉、关节和韧带的负荷限度。

2. 肌肉挫伤的治疗

肌肉挫伤发生后要马上停止锻炼，根据情况及时处理。如果皮肤出血，先用酒精或碘酒将伤口消毒，然后撒些磺胺结晶粉（外用消炎粉），再用净布包扎起来。如果受伤部位红肿疼痛，可先用冷水毛巾冷敷局部，防止继续出血，一天一夜后改用热水毛巾敷在局部，以活血、消肿、止疼。也可对受伤部位进行按摩，有条件的话还可在受伤处涂上酒精或松节油。

经过治疗，伤势减轻以后，要及时活动受伤的关节或肌肉，以便尽早恢复其功能，如慢慢练习走路、下蹲、弯腰和举臂等，以防今后伤病痊愈后关节活动不灵，甚至肌肉发生萎缩。

（1）限制性活动期

在伤后 24～48 小时内，对伤处进行局部冷敷、加压包扎、抬高伤肢并休息。较轻的挫伤可外敷安福消肿膏；疼痛较重者，可内服镇静、止痛剂。股四头肌和腓肠肌挫伤时，应注意严密观察，若出血较多，肿胀不断发展或肿胀严重而影响血液循环时，应将伤员送往医院进行手术治疗，取出血块，结扎出血的血管。

（2）恢复活动期

在受伤 24 ~ 48 小时后，肿胀基本消退，可拆除包扎进行温热疗法，包括各种理疗和按摩。在伤情允许的情况下，尽早进行伤肢的功能锻炼，逐渐增加关节的活动幅度。股四头肌挫伤时，当病情已稳定，患者可以控制股四头肌收缩时，才可开始做膝关节的屈伸活动，先做伸膝练习，屈膝练习宜晚些，不可操之过急。当膝关节能屈至 90°、走路不用拐杖时，可视为此时期治疗结束的标志。

（3）功能恢复期

逐渐增加抗阻力练习和参加一些非碰撞性练习，如打乒乓球、羽毛球等，并配合进行按摩和理疗等，直至关节活动功能恢复正常。

（七）肌肉拉伤

1. 肌肉拉伤的预防

（1）肌肉拉伤发生的时间，一般在运动刚进入基本阶段和结束阶段，必须控制好该时段的活动量和集中注意力。

（2）肌肉拉伤的部位，大部分发生在肌肉的中、上 1/3 处的肌束，下 1/3 部分拉伤较少见。

（3）充分的准备活动，特别是做好专项活动的各项辅助练习更具重要性。

（4）认真做好活动后的放松练习，可避免肌肉发硬，提高肌肉活动功能。

（5）自我按摩、相互按摩在活动前、活动后都是必须的。

（6）准备活动后，戴好合格的护具（弹性绷带等），可减少拉伤的发生。

（7）避免草率地投入到快速、激烈的活动中。

（8）在运动过程中，要注意保暖，休息时间不宜过长。

（9）洗热水浴是运动后放松肌肉的有效方法。

2. 肌肉拉伤的治疗

（1）手臂、小腿和足部拉伤，用 12℃ ~ 14℃ 的冷水浸泡 15 ~ 20 分钟。

（2）其他部位肌肉拉伤，用冰块在伤处按压 10 ~ 15 分钟。

（3）在场地急救使用冷雾剂时，注意用量适中，无痛即止。

（4）然后，患处外敷中草药（三色膏或郑氏一号新伤药），包扎固定，抬高患肢。

（5）伤后 48 小时，视病情换药、做按摩、理疗或热敷。

（6）根据病情，尽早进行康复训练。练习时戴好护具。

（7）肌肉断裂伤，应当加压包扎、固定伤肢，必要时尽早进行手术治疗。

（八）踝关节扭伤

1. 踝关节扭伤的预防

（1）训练前要检查场地，填平凹地，铲除凸土。

（2）要养成正确的落地姿势，要注意控制身体的重心，要避免在运动中失去重心。

（3）训练及比赛前要做好准备活动，充分将踝关节活动开。

（4）加强踝关节周围韧带肌肉的力量练习。

（5）合理运用粘膏、支持带和弹性绷带。

（6）身体状态不佳及疲劳时注意控制运动量。

2. 踝关节扭伤的治疗

（1）扭伤后要防止扭伤出血处肿胀漫延。在扭伤的即刻应用氯乙烷喷射伤部，使血管收缩，减少出血，如无氯乙烷也可用冰块外敷或用冷水冲洗患处，然后用绷带、棉花进行加压包扎，并抬高伤肢。

（2）24 小时后打开包扎，外敷一号新伤药进行消肿。同时配以热敷、理疗和按摩以促进功能恢复。

（九）腰扭伤

腰部急性扭伤后，让运动员平卧，一般不应立即扶动。如果疼痛剧烈，则需用担架送医院诊治。处理后，应该睡硬板床或者腰后垫一个高度合适的枕头，使肌肉韧带处于放松状态，24 小时后方可施行按摩、针灸、外敷等治疗。若是轻度扭伤，则只须停止运动，稍作休息，等扭伤自行恢复后，加强腰部肌肉的训练。

（十）关节脱位

足球比赛中，如果运动员发生关节脱位，用长度和宽度相称的夹板固定伤肢。如果没有夹板，可将伤肢固定在自己的躯干或健肢上，防止震动，随后及时送往医院治疗。

（十一）骨　折

一旦出现骨折，暂勿随意移动伤肢，而应先用夹板或其他代用品固定伤肢，动作要轻巧、缓慢，不要乱拉乱拽，以免造成错位，影响整复。如果是上肢骨折，可用木板托住伤肢，用绷带扎紧骨折处的上、下两端；如果是下肢骨折，先将伤腿轻轻放好，然后用宽布条或褥单将两条腿缠在一起，慢慢抬到硬板担架上，送往医院救治；如果是头部、颈部或脊椎骨发生骨折，运送时就更要小心，以免损伤神经和脊椎而造成肢体瘫痪。搬运时头部用枕头或衣服垫住，防止移动，固定好以后，告知患者不要扭动伤肢。送往医院时要注意做到迅速、平稳。

（十二）韧带损伤

1. 韧带损伤的预防

韧带损伤易发生的部位是踝关节、腕关节和膝关节，所以锻炼时可在这些部位加一些支持保护带。例如，在足球运动中运用护膝，在篮球、网球运动时运用护腕。此外，应避免在不平整的场地上锻炼；减少足球运动中的一些冲撞动作；平常多做改善关节周围肌肉伸展性的练习，以增大肌肉对关节的支持力。

2. 韧带损伤的治疗

对于轻度韧带损伤，治疗方法主要是止痛与加快消肿。韧带损伤发生后，应进行局部冷敷，加压包扎、抬高伤肢；24 ~ 48 小时候后对伤部周围热敷或按摩；3 天后对伤部热敷或按摩。中度损伤的治疗关键是制动，使韧带处在避免牵拉的位置，以便加速愈合，可用弹性绷带固定受伤处。对于重度损伤，则应在损伤早期将韧带断端进行良好的对合。

（十三）肩关节损伤

急性扭伤后立即停止活动，局部冷敷损伤部位，绷带加压包扎防止肿胀。若韧带完全断裂或怀疑有并发骨折，应在固定包扎后送医院做进一步的检查和治疗。

24～48小时后，可用热敷或按摩，促进血液循环。进行热敷时，温度不要太高，时间不宜太长，按摩时不宜太重，以免加重组织液渗出、发生水肿或再出血。为了促进关节功能的恢复，应注意动静结合，在没有疼痛感的前提下进行早期活动。待基本痊愈后，应加强关节周围肌肉的力量练习，提高关节的相对稳定性。

（十四）半月板损伤

一旦确定为半月板撕裂伤并伴有"交锁"现象，一般认为应进行手术切除。切除后通过滑膜及残余的软骨基底可再生出一个新的半月软骨，同样可起到半月板的作用。术后要合理地进行功能性的练习，加强股四头肌的练习。如果对关节功能影响不大，可照常训练。

为了预防半月板损伤，应做到下面几点。

1. 运动训练或比赛前要做好充分的准备活动，将膝关节周围的肌肉韧带充分活动开。

2. 不要在疲劳的状态下进行足球运动，因为在疲劳的情况下活动，动作协调性差，反应迟钝，易引起损伤。

3. 加强股四头肌的力量练习，股四头肌力量加强了，落在膝关节的负荷相应就会减少。

（十五）脑震荡

在足球运动中，如果发生脑震荡应立即让伤者平躺，头部冷敷；若有昏迷，即指压人中、内关和合谷穴；若呼吸发生障碍，应立即进行人工呼吸。若出现反复昏迷或耳鼻口出血，两瞳孔放大且不对称时，则表明病情严重，应立即送至医院救治。在运送途中，要让伤者平卧，头部固定，避免颠簸。

知识窗

"RICE"法则 — 运动伤害第一现场的处理原则

RICE分别是四个单词的首字母——Rest(休息)，Ice(冰敷)，Compression(加压包扎)，Elevation(抬高)，这四点也是在运动中受伤后，第一时间需要进行的处理步骤，在受伤后的前24小时尤为重要。如果遵循RICE法则处置得当，可以加快伤痛恢复过程50%～70%。

Rest- 休息

无论是在训练还是比赛中，一旦受伤，首先要立即停止运动，下场休息，让运动员处于静止状态。可以控制肿胀和炎症，可以把出血的控制在最小的限度内。咬牙坚持只会让伤情变得更糟，以后的恢复也会更困难，花费更多宝贵的时间。

在平时训练中，积极休息更加重要——即出现伤痛之前，规划好训练与休息的平衡，给身体以足够的恢复时间。

Ice- 冰敷

对于一些急性创伤，在第一时间进行冰敷可以减缓伤情的发展。冰敷的作用在于使局部血管收缩、血液循环减慢，因而降低了组织的新陈代谢速度，达到抑制发炎反应的作用。注意不要让冰块直接和皮肤接触，并且每冰敷15～20分钟要休息半小时左右，避免肌体因长时间低温而受损。

大多数医疗急救包中都存有冰块和冰袋，如果现场没有专业设备，用冰镇饮料裹上塑料袋和毛巾一起也可做应急使用。

Compression- 加压包扎

在冰敷的间歇，即可以对伤处进行加压包扎。加压包扎可使患部内出血及瘀血现象减轻，还可以防止浸出的体液渗入到组织内部，并能促进其吸收。进行这一步骤最简单且有效的工具是弹性绷带，包扎的部位选择伤处距离心脏较远的一端。包扎时也要注意不要太紧避免血液循环不畅导致机体损伤，如果出现皮肤颜色变浅或是疼痛加剧的现象，就要及时调整绷带的松紧程度。

Elevation- 抬高

将受伤的部位——如脚踝，抬高至高于心脏的位置，可以减少因重力而回流至伤处的血液，减轻内出血，加速恢复。视恢复程度不同，伤后的 1 ~ 3 天里尽可能地抬高伤处，并且避免用太热的水洗澡。

RICE 的顺序

1. 停止运动保持不动。特别是不要让受伤的部位活动。

2. 判断伤情。

3. 在患部敷上冰袋。

4. 用弹力绷带将冰包固定住。

5. 把患部举到比心脏高的位置。

6. 痛感缓解或者是经过 20 分钟把冰袋拿掉。

7. 使用海绵橡胶垫子和弹力绷带作加压包扎。

8. 根据损伤的程度每一个小时或一个半小时用冰袋进行冷敷直到患部的疼痛得到缓解为止。

9. 睡觉时把弹力绷带拆去。

10. 睡觉时也要把患部举到比心脏高的位置。

11. 次日再进行一次 RICE 处置。

12. 若受伤严重，以上程序需坚持做两三天。

如果伤情依旧没有明显好转，及早就医寻求专业帮助。

四、高职学校对足球运动损伤的处理

1. 足球运动伤害事故发生后，学校应当按照体育运动伤害事故处理预案要求及时实施或组织救助，并及时与学生家长进行沟通。

2. 发生足球运动伤害事故，情形严重的，学校应当及时向主管教育行政部门报告；属于重大伤亡事故的，主管教育行政部门应当按照有关规定及时向同级人民政府和上一级教育行政部门报告。

3. 足球运动伤害事故处理结束，学校应当将处理结果书面报主管教育行政部门；重大伤亡事故的处理结果，主管教育行政部门应当向同级人民政府和上一级教育行政部门报告。

4. 学校应当依据《学生伤害事故处理办法》和相关法律法规依法妥善处理足球运动伤害事故。

5. 学校主管教育行政部门可会同体育、医疗、司法等部门及相关方面的专业人士组建学校体育运动伤害事故仲裁小组，对事故进行公平、公正的调查，提出仲裁意见，为事故处理提供依据。教育行政部门和学校应当健全学生体育运动意外伤害保险机制，通过购买校方责任保险、鼓励家长或者监护人自愿为学生购买意外伤害保险等方式，完善学校体育运动风险管理和转移机制。

第四节　足球运动损伤的康复训练

一、康复训练的概念

在治疗的全过程中始终贯彻"动静结合"的思想，是运动损伤治疗过程中的重要问题。康复训练是在运动损伤治疗的后期上升到主导地位，即开展治疗性的、有益的合理训练活动，促进肌肉、关节、韧带的功能恢复和强健，同时提高整个机体的健康水平。

由于运动损伤导致局部机体活动受阻，产生一定的功能障碍，影响活动、训练。一切治疗手段和方法的目的均应围绕消除这些障碍。"流水不腐"，只有通过合理的、科学的活动才能"拨正"和消除功能障碍，光治不动或乱动均不能有效地"排障"。这是积极的疗伤理念。

运动损伤治疗中的康复训练是一个整体观念，而不是局部活动的观念。要有好的、科学的训练活动，才能收到事半功倍的效果。因此，必须在康复训练活动中严格地掌握、运用合乎客观规律的基本原则和手段方法。

二、康复训练应遵循的原则

作为运动损伤治疗阶段中的康复训练手段，其突出的问题是处理好训练活动服务于恢复健康增强机体活力的关系，解决康复训练与功能恢复的矛盾，尽最大可能、尽快地通过活动使肌肉、韧带、关节及整个机体功能达到最佳状态。相反，活动不当，轻则延误治疗时机，重则产生影响机体健康的局部功能障碍。

运动损伤治疗的康复训练，既有其治疗的原则，又有训练的原则，既要遵守运动训练的一般原则（如全面性原则、循序渐进原则、区别对待原则、持续性原则等），又要遵守康复训练的特殊原则。康复训练的原则主要有以下几点。

首先，根据患处的伤势决定局部活动的负荷大小，逐步加大全面活动的原则。

其次，控制患处功能活动的质和量，以局部活动后患处不出现局部疼痛和练习后 24 小时不出现肿胀为度的原则。

第三，每次康复训练后做好放松练习及热敷或轻度按摩原则。

三、康复训练的方法

康复训练具有明显的科学性和实践性，必须在教师或者医务人员的指导下科学地进行，防止康复训练中盲目、过早地进入大强度的负荷活动。同时，康复训练又必须有患者的主观能动性，积极主动认真地做好每一项活动。

（一）主动活动与被动活动

1. 主动活动：患处依靠本身的肌肉力量做负重或不负重的功能活动，逐步恢复、增强、提高肌肉的力量、关节活动度及活动的速率。

2. 被动活动：依靠外力的帮助做患处的功能活动，通过被动活动使患处的功能范围逐步扩大，促进患处瘀血、粘连进一步吸收。

3. 主动活动与被动活动的练习次序：一般情况下，先做被动活动，再做主动活动。也可在主动活动后再做被动活动。若被动活动后做，则进行操作时的负荷量要适当加大，最大不可超过正常的活动范围，否则，会造成患处的再次损伤。

（二）动力练习与静力练习

1. 动力练习：利用本身肌肉力量作肌肉、关节、韧带的负重或不负重的功能练习，如做关节绕环、屈伸、跑步，连续跳跃、投掷、拉力器练习、扩胸器练习等。

2. 静力练习：利用本身肌肉、关节、韧带的力量，使患处保持一定角度的功能位置，控制一定时间的练习。逐步提高强度（角度、时间），促进患处的新陈代谢，增强功能。练习时可控制负荷进行，但最大负荷不要超过本人健康时的强度。特别对关节、韧带部位的损伤，静力练习尤为重要。

3. 动力练习与静力练习的练习次序：先做静力练习，再做动力练习，也可在动力练习后再做一次静力练习，但时间要比第一次静力练习少 1/2。

应当注意，冬天做静力练习，不要在风口、太冷的地方进行，以免发生其他疾病，影响健康。

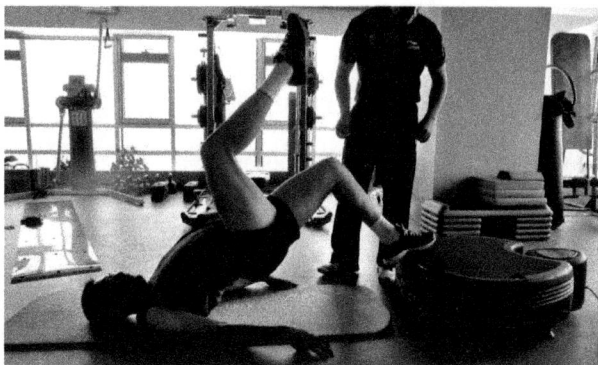

（三）逆向练习

康复训练中的逆向练习，对大多数运动损伤的治疗大有好处。尤其对消除机体损伤部位的"痕迹"，更具其独特的功效。

何为逆向练习？简单地讲，腹部损伤的康复练习必做背部的练习、上肢部位的损伤必做下肢部位的康复练习、右侧损伤必做左侧的康复练习。另外，屈、伸肌群，外展、内收肌群，旋内、旋外肌群等，按同理应用。当然，这不是讲不要做患处的康复练习，而是强调做相对应部位的练习，增加活动量，产生健侧机体的优势兴奋，从而淡化、抑制患侧机体的兴奋灶，并使之进入良性状态，达到修复损伤痕迹的效果。同时，练习健侧的肌肉群亦有利于放松患侧的肌肉、关节紧张度，促进患侧的血液循环，直接加速了患处损伤组织的修复。如果使用对抗性的康复练习，练习开始前，必须对患处做好保护工作，如贴好应力橡皮膏等，以免造成肌肉、关节的再次损伤。

参考文献

1. 贾珍荣. 全国青少年校园足球发展思考 [J]. 体育文化导刊，2010.

2. 许诺. 浅谈青少年校园足球的可持续发展 [J]. 郑州师范学院学报，2016.

3. 董久奎. 校园足球运动的发展 [J]. 林区教学，2016.

4. 王浩群. 浅谈高职学生足球兴趣的培养 [J]. 大观，2015.

5. 宫金涛. 高校足球课教学中学生兴趣的培养 [J]. 赤子 2014.

6. 邸建勇等，校园体育文化的开发与模型构建 [M]. 北京：光明日报出版社，2013.

7. 冯波. 校园足球开展现状及对策研究 [J]. 黑龙江科学. 2017.

8. 冯瑞，王荣. 新机遇下校园足球发展策略研究 [J]. 商丘师范学院学报. 2016.

9. 陈鹏. 校园足球活动开展情况浅谈 [J]. 体育世界（学术版）. 2015.

10. 毛振明，刘天彪，臧留红. 论"新校园足球"的顶层设计 [J]. 武汉体育学院学报. 2015.

11. 梁伟，刘新民. 校园足球可持续发展系统的构建与解析 [J]. 西安体育学院学报. 2015.

12. 唐炜平. 高职足球教学中如何培养学生的学习兴趣探讨 [J]. 当代体育科技. 2012.

13. 刘迪. 高职院校校园足球运动发展与教学解析 [J]. 农村经济与科技. 2016.

14. 刚良. 校园足球活动中高职院校足球课程改革探析 [J]. 当代体育科技. 2016.

15. 邱战鹏. 高职院校足球教学模式创新研究 [J]. 滁州职业技术学院学报. 2014.

16. 杨东风. 论成功体育教育在高职足球教学中运用 [J]. 当代体育科技. 2014.